KB271249

창업의 시대

생존을 넘어 성공으로!
실패하지 않는 **창업의 6가지 원칙**

창업의 시대

AGE OF START-UP

윤성구 지음

뭔가 해야 한다.
실패하지 말아야 한다.
지금 나에게 필요한 것은?

세계적인 인터넷서점으로 시작한 아마존닷컴의 창립자이자 CEO인 제프베조스는 애플의 스티브잡스 사후에 IT 산업을 이끌어갈 리더 중 가장 유력한 주인공으로 거론된다. 그는 1964년에 태어나 어릴 적부터 과학영재학교에 들어갈 정도로 공부를 잘했고, 1986년에는 프린스턴대 전자·컴퓨터공학과를 수석으로 졸업했다. 그의 이력을 보고 당시 굴지의 IT기업인 델, 인텔 등이 그에게 러브콜을 보냈지만, 그는 의외로 작은 벤처기업인 피텔이라는 회사를 선택했다. 그곳에서 2년 동안 일한 뒤 뱅커스트러스트에서 다시 2년가량을 근무하였으며, 창업 전에는 투자회사인 D. E. 쇼앤컴퍼니의 수석부사장으로서 IT 분야 신사업 발굴업무를 담당했다.

1994년 어느 날 제프베조스는 인터넷 사용자가 1년 만에 24배가 늘었다는 기사를 접한다. 그리고 그는 인터넷의 무한한 잠재력을 간파한다. 그 결과는 인터넷으로 책을 파는 회사인 아마존닷컴의 창업으로 이어졌다. 회사를 그만둘 당시 제프베조스의 연봉은 100만 달러, 우리나라 돈으로 환산하면 10억 원이 넘었다. 그것도 무려 약 20년 전인 1994년에. 그런데 왜 그만두었을까? 제프베조스는 안정적인 생활을 포기하고 새로운 사업을 시작한 이유에 대해 "내가 여든 살이 되었을 때를 가정해보았고, 인생을 되돌아보면서 후회할 일을 가장 줄이는 방법을 선택하기로 했다."고 말했다.

그렇다. 제프베조스는 100만 달러의 연봉에 안주하기보다 뭔가 하고 싶은 일을 하는 것이 후회가 덜하리라고 판단했던 것이다. 2000년대 초반 벤처 붐이 일 당시, 직장이나 학교에서 나와 벤처기업을 설립한 많은 벤처기업가들도 나름대로 꿈이 있었을 것이고, 그러하기에 안정적인 틀에서 과감히 나왔을 것이다.

제프베조스의 성공신화는 안정적인 생활보다는 후회를 최소화하겠다는 과감한 결단이 없었으면 아예 싹을 틔우지 못했을 것이다. 그러나 과감한 결단은 단지 시작일 뿐, 그것만으로는 성공할 수 없다. 제프베조스의 성공은 새로운 사업에 대한 치밀한 검증과 분석, 과감한 판단과 철저한 준비로 이루어진 것이다.

제프베조스의 성공요소는 다음의 몇 가지로 요약된다.

첫 번째, 창업 전 경험이다. 제프베조스뿐만 아니라 많은 사람들이 인터넷 사용자가 증가하고 있다는 기사를 접했을 것이다. 그러나 대부분은 그냥 '그렇군.' 하고 넘어갔다. 제프베조스도 처음 직장생활을 작은 벤처기업에서 시작하지 않고 델이나 인텔 같은 초우량 대기업에서 시작했다면, 투자회사에서 IT 관련 신사업 발굴업무를 담당하지 않았다면,

아마존닷컴은 그의 차지가 아니었을 수도 있다.

　두 번째, 철저히 계산된 판매품목이다. 지금은 인터넷상거래에 대한 신뢰가 높지만 1994년에는 인터넷상거래에 대한 소비자들의 신뢰가 비교적 낮았다. 그래서 물건이 오지 않거나 제대로 된 상품을 받지 못할 것에 대한 불안감 때문에 인터넷 구매를 꺼렸다. 제프베조스는 이러한 소비자들의 불안감을 감안하여 설령 떼인다 하더라도 큰 부담이 없고 어디서 사더라도 동일한 품질을 보장받을 수 있는 물건을 판매품목으로 정한 것이다. 그렇게 서적, CD, 비디오, 소프트웨어 등 인터넷 판매가 유망한 20개 품목을 정하였고 가장 먼저 판매할 품목으로 책을 선택했던 것이다.

　세 번째, 정확한 데이터에 근거한 전략 결정이다. 그는 막연히 인터넷에서 팔기 좋다는 이유로 책을 우선판매품목으로 정한 게 아니다. 현재 팔리고 있는 도서의 종류와 수량, 소매시장규모, 경쟁업체를 구체적으로 파악한 후에 그 결과를 근거로 책을 선택한 것이다. 그가 파악한 바에 따르면, 전 세계 도서는 300만여 종에 달하고 도서 소매시장규모는 820억 달러에 이르렀다. 게다가 미국에서 가장 큰 서적 판매 체인점인 반스앤노블도 도서 소매시장 점유율이 11%밖에 되지 않아 절대강자가 없다는 사실에 주목했다.

　네 번째, 치밀한 사전 준비다. 아마존닷컴은 1994년에 설립되었으나 실제 인터넷거래는 1년이 지난 뒤에야 시작되었다. 방대한 양의 서적 관련 데이터베이스를 구축하고 편리한 구매 서비스를 개발하는 데 그만큼의 시간이 필요했기 때문이다. 그 결과, 아마존닷컴은 무려 110만 종 이상의 서적을 갖추게 되었다. 당시 미국 최대 도서 체인점인 반스앤노블에 구비되어 있는 서적이 17만 종이었다.

다섯 번째, 자금조달능력과 근검절약정신이다. 제프베조스는 연봉 100만 달러를 받을 만큼 능력을 인정받고 있었다. 또한 투자회사에 근무한 경력으로 남들보다 나은 투자자 네트워크를 확보하고 있었다. 그는 돈이 있음에도 불구하고 최초 사무실을 자기 차고를 개조하여 사용할 정도로 경비 지출을 아꼈다.

탄탄한 준비와 치밀한 전략으로 성공을 일구어낸 제프베조스의 사례는 사업의 정도(正道)를 보여준다. 우리 주위에도 자의든 타의든 사업을 시작하는 사람들이 많다. 그리고 그 많은 사람들이 사업에 성공하기 위해 불철주야 노력한다. 그런데도 실패하는 경우가 많다. 왜일까? 모두가 성공을 원하면서도 성공하기 위해 반드시 챙겨야 할 준비를 제대로 하지 못하기 때문이다. 나는 수백 개 벤처기업을 컨설팅하면서, 또 수많은 사업계획서를 검토하면서, '시작하기 전에 이런 부분을 조금만 더 성실하게 챙겼으면 얼마나 좋았을까.' 하는 생각에 안타까운 적이 많았다. 어쨌든 일단 시작하였으면 성공해야 한다. 그래서 이제부터 여러분들과 사업 성공이라는 정상에 오르기 위해 챙겨야 할 준비에 대해서 이야기해보려 한다. 자신하건대, 우리가 여기서 이야기하는 부분을 깔끔하게 챙길 수 있다면 9부 능선까지는 올라갔다고 보아도 될 것이다.

어쩔 수 없이 하게 된 일이라도 성공을 원한다면 즐거운 마음으로 해내야 한다. 그러기 위해서는 세세한 부분까지 치밀하게 준비하는 과정을 우선해야 할 것이다.

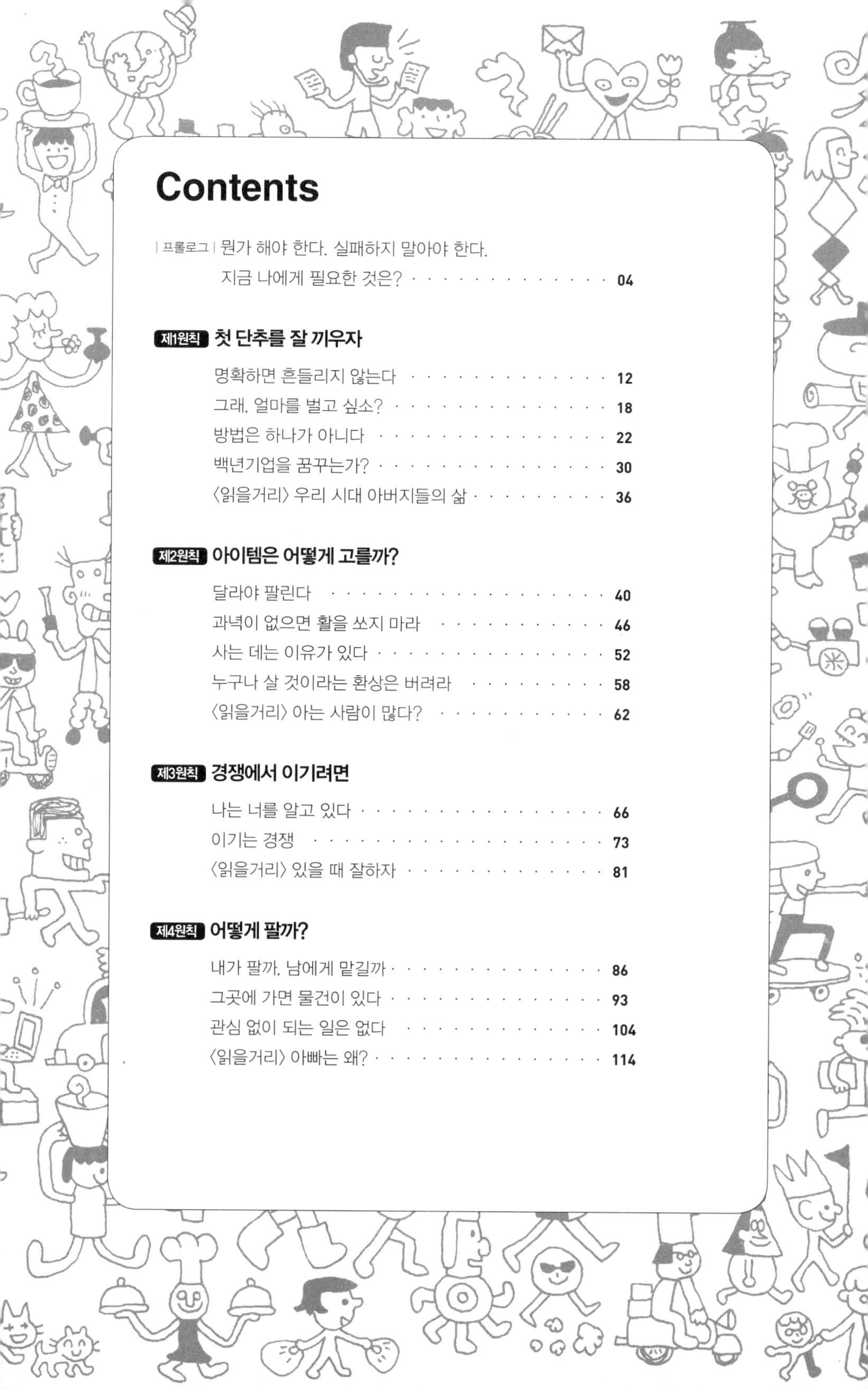

Contents

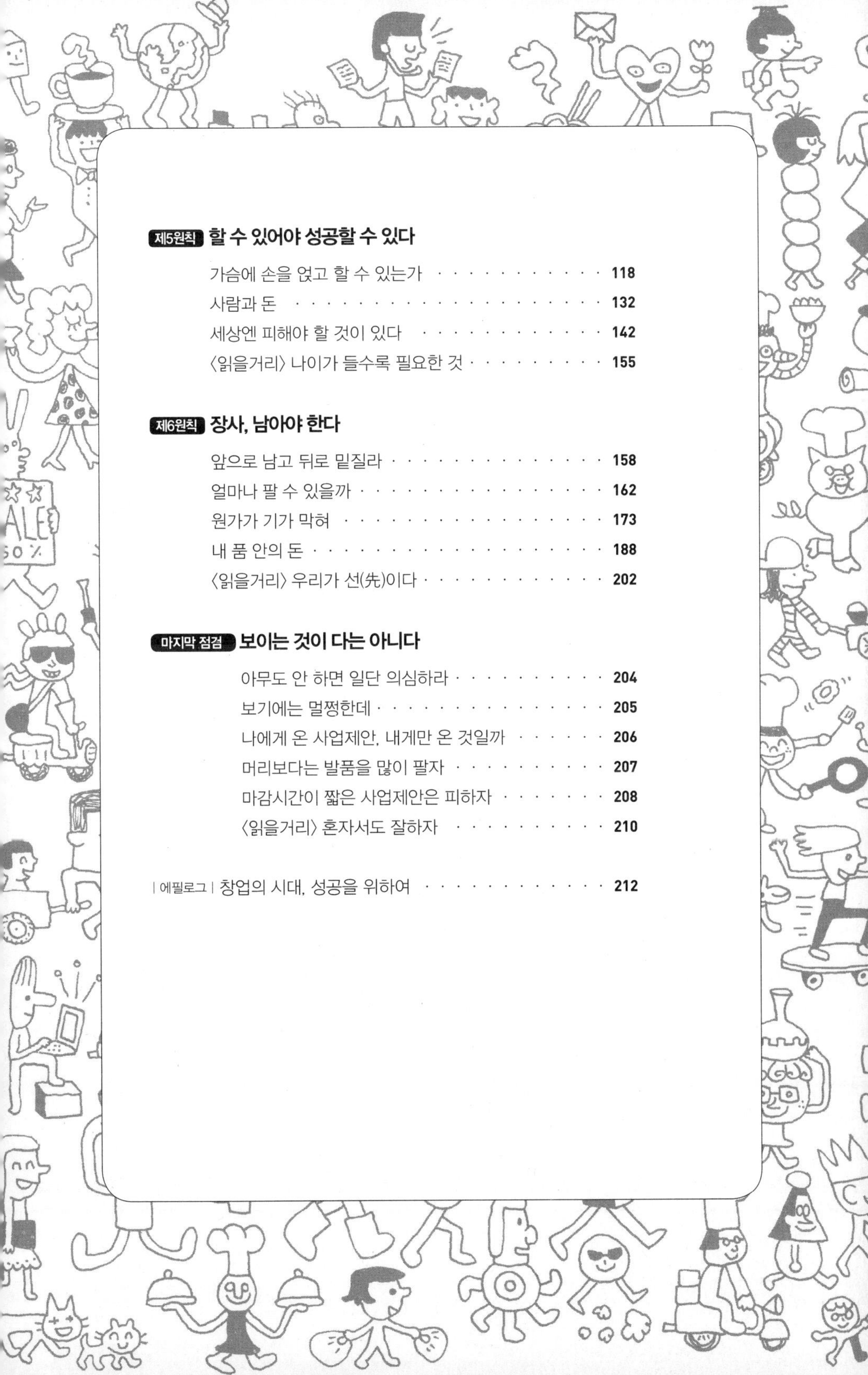

첫 단추를 잘 끼우자

우공이산(愚公移山)

어리석은 사람이 산을 옮긴다.
그러나 목표가 없다면 아무것도 할 수 없다.
우공의 목표는 산을 옮기는 것이었다.
당신의 목표는 무엇인가?

명확하면
흔들리지 않는다

목적이 이끄는 삶

나는 책 읽는 것을 좋아한다. 그것도 열 권 이상 넘어가는 책을 좋아한다. 읽은 책 중 가장 긴 책인 《도쿠가와 이에야스》는 총 32권이고, 박경리의 대하소설 《토지》는 23권이다. 《토지》는 우리에게 익숙하다. 책을 읽지 않았어도 드라마로 몇 번이나 방영되었기에 누구나 들어보았을 것이다.

사실 모든 일은 연결되어 있다. 다만 우리가 그 고리를 찾지 못할 뿐이다. 나는 《토지》에서 장사와 창업에 관한 의미심장한 시사점을 발견할 수 있었다. 최씨 가문의 몰락과 어린 여자 주인공 최서희의 성장 과정이 기업의 흥망과 닮아 있었던 것이다.

할머니 윤 씨는 서희가 아홉 살 되던 해에 최참판댁 땅을 한 바퀴

돌아보기로 한다. 첫날 밤에 할머니는 "앞으로 며칠을 더 다닐 것이다. 너의 땅을 눈여겨보아두어야 한다."고 말한다. 일종의 후계자 수업이었을 것이다. 그러나 최씨 가문은 무참히 무너지고 만다. 아버지는 재산을 탐낸 김평산과 귀녀에게 살해당하고 할머니마저 콜레라에 걸려 죽는다. 어머니는 구천이와 사랑에 빠져 집을 나가고 만다. 외가 친척 조준구가 마을 사람들을 분열시키고 일제를 등에 업어 최씨 집안의 모든 재산을 강탈한다.

어마어마한 재산을 가졌던 최씨 집안은 이유야 어쨌든 도산하게 된다. 서희에게는 도와줄 사람도, 하소연할 곳도 없다. 아무것도 없이 혼자가 되어 남았다. 모든 불씨가 꺼졌다고 생각했을 때, 작은 희망이 찾아왔다. 할머니가 서희 방 장롱의 농 발을 떼어내고 대신 금은을 괴어놓았던 것이다.

바로 이 금은덩어리가 간도로 쫓겨난 서희의 밑천이자 종잣돈이다. 이제는 일어나야 한다. 사업을 말아먹었든, 명퇴를 당했든, 자발적으로 창업을 시도하든, 중요한 것은 이제부터다. 서희는 목표를 정한다. 그것도 아주 명확하게. 서희의 목표는 잃어버린 재산을 찾는 것이었다.

금은덩어리를 팔아서 받은 돈은 3,000원이었다. 당시 용정의 요지 한 평 값이 5원이었다. 어느 정도의 사업을 벌일 수는 있겠지만 대기업 수준의 재산을 찾기에는 턱없이 부족한 금액이었다. 그때부터 최서희의 사업가 기질이 발휘되었다. 서희는 제일 먼저 곡물유통사업에 뛰어들었다. 콩을 쌀 때 사 모았다가 비쌀 때 파는 방법으로 3년 만에 초기 투자금을 두 배로 늘렸다. 그리고 청나라가 용정 땅을 산다는 정보를 이용하여 미리 평당 6원에 땅을 산 뒤 13원에 팔아 또 꽤 많은 돈을 벌었다. 그러고도 아주 오랜 시간이 흐른 뒤에야 최서희는 재산을 되찾을 수 있었다.

생활에 불편이 없을 만큼 돈을 벌었을 때, 이 정도면 누구나 성공했다고 여겼을 때도 최서희는 그만두지 않았다. 분명한 목적이 있었기 때문이다. 최서희의 목적은 중소기업을 만드는 것이 아니라 빼앗긴 대기업을 다시 찾아오는 것이었다.

사업을 할 때는 목적이 있다. 애들이 아직 어려서 학원비, 과외비, 대학등록금 등 생활비를 벌기 위해 사업을 하는 경우가 있을 것이다. 그동안 벌어놓은 돈이 있어 생활하는 데는 걱정이 없지만 그래도 아무것도 안 하기에는 너무 이른 나이인 것 같아 뭐라도 해볼 요량으로 시작하는 경우도 있을 것이다.

어떤 이유로 사업을 시작하든 사업의 성공을 위해서는 최서희처럼 명확한 목표를 세워야 한다. 그리고 그 목적이 앞으로의 사업을 결정할 것이다. 얼마를 벌 것인가? 초기 투자금은 얼마가 될 것인가? 얼마의 시간을 투자할 것인가? 사업목적을 어떻게 정하느냐에 따라 사업의 내용과 규모가 정해진다. 목적은 계획의 시작이고 결과의 동기다. 목적이 당신의 사업을 이끌 것이다. 목적이 명확하지 않다면 사업을 시작했어도 시작한 것이 아니다.

그대, 망상을 꿈꾸는가

지난 10여 년간 수백 개의 기업을 컨설팅했다. 그러면서 정말 많은 사업가들을 만났다. 사업가들은 대부분 사장이라는 동일한 타이틀을 가지고 있다. 하지만 한 사람도 같은 사람은 없다. 흔히 말하는 스타일이 다르고 살아온 경험이 다르고 추구하는 바가 다르다. 그렇다고 공통분모를 찾을 수 없는 것은 아니다. 내가 본 사람들은 세 가지 유형으로 나뉘었다.

첫 번째는 발이 땅을 파고 들어가 있는 사람들이다. 이런 유형의 사람들은 성공이 100% 보장되지 않으면 절대 움직이지 않는다. 완벽을 추구하기 때문이다. 물론 해낼 수 있는 능력도 갖추고 있다. 하지만 일말의 불안도 허용하지 않는다. 때문에 목표를 낮게 잡는 경향이 있다.

두 번째는 발이 허공에 떠 있는 사람들이다. 이 사람들은 자기가 가진 능력이나 주변 환경에 대해 깊이 생각하지 않는다. 과정이 아니라 결과에 이미 마음이 가 있다. 가장 잘되었을 때를 사업의 기준으로 삼는다. 자기가 보기에 좋은 사업이면 다른 사람도 동의하고 투자해야 한다고 생각한다. 자신을 들여다보지 않고 다른 사람을 답답해한다.

세 번째는 발이 지표면에 붙어 있는 사람들이다. 이 사람들은 사업을 구상할 때 자기의 능력과 주변 환경을 현실적으로 생각한다. 아무리 좋은 사업이라도 자기가 할 수 없다는 판단이 들면 과감히 포기한다. 대신 자신의 능력에 맞는 일을 찾아 움직인다.

첫 번째 유형의 사람들이 망하는 일은 거의 없을 것이다. 하지만 이 사람들은 사업가보다는 은행원에 가깝다. 굴러 들어오는 복도 너무 꼼꼼히 챙기다 놓쳐버리는 경우가 생긴다. 두 번째 사람들은 사업가보다 공상가에 가깝다. 누가 봐도 안 될 것 같은 사업에 매달리면서 자기 사업을 도와주지 않는 주위 사람들에게 화를 낸다. 세 번째는 현실적인 사람들이다.

그럼 사업가 중에는 어떤 사람들이 제일 많을까? 처음 사업을 시작하는 많은 사람들은 두 번째에 가깝다. 반면 현재 안정적인 사업을 운영하고 있는 사람들은 첫 번째에 가깝다. 철저한 계산과 밀어붙이는 추진력 덕분이다. 그러나 최적의 사업가는 세 번째다.

꿈은 높게 가져라. 하지만 현실적이어야 한다. 만일 최서희가 잃어버린 재산을 찾겠다고 처음부터 공룡과 같은 조준구에 맞섰다면 어떻게 되었을까? 무참히 깨지고 말았을 것이다. 커다란 목표를 이루기 위해서는 그 목표를 이룰 역량을 갖추어야 한다. 그 과정을 생략하면 눈물 젖은 빵과 식어버린 공상을 씹을 수밖에 없다.

에베레스트에 오르려면 그에 맞는 준비를 해야 한다. 수년에 걸쳐 낮은 산부터 점차 높은 산, 더 높은 산을 오르내리는 훈련을 몇 십 번이고 해야 한다. 동네 뒷산도 허덕거리며 오르는 저질 체력으로 에베레스트를 등정하려 한다면 몇 걸음 가지 못하고 차가운 눈 속에 파묻히고 말 것이다. 우선은 현실에 맞게 사업을 구상해야 한다. 너무 시시하다고 불평할 것 없다. 그래야 다음 단계로 갈 수 있다. 꿈은 원대하게 가지되 발은 땅을 딛고 있어야 한다.

돈 잃고 시간 버리고 친구 떠나보내고

학벌 좋고 직장 번듯한 사람들이 모였다. 자신감이 충천한다. 그도 그럴 것이 능력들이 상당하기 때문이다. 비슷한 사람들이고 친분이 있기에 분위기도 좋다. 그럼 함께하는 사업의 성공을 확신할 것이다. 하지만 그 순간, 균열은 이미 시작된 것이나 마찬가지다.

그들은 무엇을 위해 모였을까? 모이기 위해 사업을 하는 것일까, 아니면 사업을 위해 모인 것일까? 친목회도 아니고, 모임을 위해 사업을 하지는 않을 것이다. 그런데 사업을 위해 모였다면서 응당 있어야 할 것이 없다. 간단히 말하면 목적이다. 구체적으로 무엇을 위하여 뭘 하고 얼마를 벌고 어떻게 나누며 언제까지 계속할 것인지에 대한 합의가 없다. 그저 마음 맞는 사람들끼리 진심을 다해 열심히 하면 결과가 따라올 것이라고 막연하게 생각한다. 그럼 문제는 머지않아 발생한다. 어느 정도 시간이 지나도 뚜렷한 수익이 발생하지 않게 되면 약간의 불협화음이 생기고 그 와중에 멤버가 이탈하는 상황을 맞게 된다. 그리고 좀 더 시일이 흘러도 회사가 좋아지지 않으면 결국 좋지 않은 감정으로 사업을 접게 된다. 이런 경우를 종종 보았다.

사업은 차가운 돈을 벌기 위하여 하는 일이다. 뜨거운 정을 나누려면 사업이 아니라 동호인 모임에 나가는 것이 옳다. 돈은 냉혹하다. 그 돈을 벌기 위해서는 돈보다 더 차가운 이성으로 무장해야 한다. 명확한 목적 없이 마음 맞는 사람끼리 열심히 하다보면 잘될 거라 생각한다면, 시작도 하지 말아야 한다. 돈과 시간을 소비할 뿐 아니라 소중한 사람도 잃게 되는 최악의 결과를 낳게 될지 모른다.

그래,
얼마를 벌고 싶소?

대모산인가, 에베레스트산인가

도곡동의 사무실 창문으로 대모산 정상이 보인다. 대모산은 그리 높지 않다. 해발 293미터로, 강남구 일원터널에서 올라가면 정상까지 갔다 오는 데 약 40분 정도면 된다. 그래도 산은 산이다. 가파른 계단으로 이루어진 정상 부근을 오를 때면 나름 숨이 차다.

대모산과 전혀 다른 산이 있다. 지구상에서 가장 높다는 에베레스트산이다. 해발 8,848미터의 에베레스트에 오르는 일에는 등정(登頂)이나 등반(登攀)이라는 말을 사용한다. 등정은 산의 꼭대기에 오른다는 뜻이다. 사전적으로 따지면 대모산 정상에 오르는 것도 등정이다. 하지만 우리는 대모산에 오를 때 등정이라는 말을 쓰지 않는다. 등반이라는 말에도 전문적이고 기술적인 의미가 포함된다.

대모산이나 에베레스트나 오르는 것은 마찬가지다. 하지만 그 의미와 과정은 현격하게 다르다. 초등학교 1학년 쪽지 시험에서 만점 맞은 것과 수능에서 만점 맞은 걸 비교하는 것과 같다. 쪽지 시험이나 수능이나 모두 시험이다. 하지만 쪽지 시험을 위한 준비와 수능을 위한 준비는 다르다. 시험을 위해 준비하는 시간, 시험을 보는 시간, 시험에 임하는 마음가짐 등 모든 것이 다를 수밖에 없다. 대모산을 오르는 데도 등산화나 등산복, 등산용 지팡이가 필요하다. 그러나 베이스캠프용 장비, 산소통, 등반안내인 셰르파 등은 전혀 필요치 않다.

사업도 마찬가지다. 먼저 대모산이냐 에베레스트냐를 결정해야 한다. 그 결정이 앞으로의 모든 것을 좌우할 것이기 때문이다.

강원도 원주시 치악산 구룡사 입구 근처에 치악산을 바라보는 집이 하나 있다. 꽃밭머리 펜션이다. 잔디가 깔려 있는 마당에 치악산의 청정공기가 그득하다. 그 펜션 주인이 사촌누님 부부다. 누님과 매형은 몇 년 전 오랜 서울 생활을 접고 평소 살고 싶던 집을 지었다. 1층에는 본인들이 거주하고 2층과 별채는 펜션으로 운영하고 있다. 누님 부부가 펜션을 운영하는 것은 떼돈을 벌기 위함이 아니다. 이왕 집을 짓는 김에 펜션으로 운영할 수 있는 두 채를 추가함으로써 월 100~200만 원 정도의 수입을 올리고 있다.

돈이라는 것이 쓰려고 하면 한도 끝도 없지만 그 정도 수입이면 시골에서 사는 데 큰 어려움이 없다고 한다. 펜션을 지어 월 100~200만 원의 수입을 올리는 일은 산으로 따지면 대모산에 오르는 일이다. 하지만 대모산이 아닌 에베레스트에 오르려 하는 사람들이 있다. 최서희는 빼앗긴 최씨 집안의 재산을 되찾기 위하여 사업을 시작했다. 목적을 이루려면 어마어마한 돈을 벌어야 했다. 산으로 치면 에베레스트산에 오르는 것이다.

사업을 시작하는 사람들은 기본적으로 돈을 벌고자 한다. 돈을 벌기 위한 행위라는 점에서 모든 사업은 동일한 구조를 가지고 있다. 그렇지만 무엇을 위하여 얼마를 벌려고 하는지는 사람에 따라 다르다. 사업은 규모의 경제학이다. 하루에 100만 원을 벌고 싶다면 그만큼 벌 수 있는 아이템과 규모를 갖추어야 한다. 하지만 무조건 규모만 따지는 것도 무모하다. 허허벌판에 차려진 100평짜리 떡볶이집으로는 돈을 벌 수 없다. 때문에 사업은 또한 환경의 경제학이다. 유동인구와 수요자를 예측하여 그 환경에 맞는 규모를 선택해야 한다. 그때 중요한 것은 '얼마를 벌 것인가.'를 먼저 명확히 하는 것이다. 이 부분을 우선적으로 분명히 해둔 후에야 어떤 제품이나 서비스를 제공할지, 돈이 얼마나 필요한지, 사업 전체를 설계할 수 있는 것이다.

내 몸에 좋은, 내 몸에 맞는

우리나라에는 정부가 서민들의 내 집 마련을 위해 생애 최초로 주택을 구입하는 경우에 구입자금의 일부를 저리로 빌려주는 대출 상품이 있다. 태어나서 처음으로 내 집을 구입하는 부부에게 혜택을 주는 것이다. 그런데 생애 첫 사업은 어떠한가? 찬바람이 쌩쌩 부는 살벌한 경쟁시장에 그냥 던져지는 것과 같다. 누구도 첫 사업이라고 봐주지 않는다. 오직 나만이 내 사업을 지켜야 한다. 어떻게 해야 할까?

욕심을 내지 말아야 한다. 앞으로 오랫동안 사업을 할 것이고 궁극적으로는 꽤 많은 돈을 벌겠다는 목표를 갖고 있더라도 당장 처음 시작하는 사업에서는 욕심을 버려야 한다. 최서희는 금은을 팔아 손에 쥔 3,000원으로 콩을 샀다가 파는 사업으로 첫발을 내딛었다. 빼앗긴 재산에 비하면 어림없는 벌이였지만 처음부터 떼돈을 벌려고 무리하지 않았다.

'얼마를 벌 것인가.'를 정할 때 감안하여야 하는 것은 자신의 능력이다. 만일 1,000만 원밖에 없는데 사업을 통하여 10억 원을 벌겠다는 목표를 세웠다고 가정해보자. 무엇을 하면 1,000만 원으로 10억 원을 벌 수 있을까? 우리는 경쟁이 치열한 자본주의 사회에 살고 있다. 돈이 없으면 돈 벌기가 그만큼 어렵다. 주식이나 복권, 도박 등 행운이 따르면 모르겠지만 단돈 1,000만 원으로 10억 원을 벌 수 있는 사업을 찾기는 힘들다.

내 능력에 맞게 낮추어야 한다. 물론 영원히 낮추라는 말은 아니다. 일단 능력에 맞게 일차적으로 목표금액을 낮추자는 말이다. 무리하지 말고 알맞게 한 바퀴 돌면 돈도 늘고 사업을 하는 내 능력도 넝날아는다. 그러면 다시 커진 내 능력에 맞게 좀 더 벌 수 있는 사업을 하면 되는 것이다.

방법은
하나가 아니다

돈 세는 즐거움

사람들은 돈을 벌기 위해 사업을 한다. 같은 목표를 가지고 있지만 방법은 제각각이다. 하루하루 물건을 팔아 돈을 버는 사람도 있고, 사업이나 점포를 통째로 팔아서 돈을 버는 사람도 있다. 나아가 회사를 주식시장에 상장해서 돈을 버는 경우도 있다. 돈을 버는 방법은 많다. 그런데 돈을 번 사람은 많지 않다. 생각만으로 돈은 벌리지 않는다. 중요한 것은 어떻게 돈을 벌어야 할지 결정하는 것이다.

많은 나이라 할 수는 없지만 이미 나도 586세대가 되었다. 나이가 들면 소회가 생기는지 〈인간극장〉이나 〈6시 내고향〉 같은 프로그램을 자주 보게 된다. 그런데 시골을 소개하는 프로그램에는 일종의 정형화된 순서가 있다. 시골을 찾아간 리포터는 어김없이 그 지역의 장터를 방문하고, 좌판을 깔고 장사하는 할머니들을 비춘다. 우리 할머니들은 장터에서 하루하루 돈을 벌어 자식들을 키우고 학교에 보냈을 것이다. 하루 장사를 마치고 허리에 찬 전대에서 그날 번 돈을 꺼내 셀 때 흐르는 희미한 미소, 그것은 고단한 하루를 잊게 하는 즐거움이다.

사실 텔레비전 프로그램에서 소개하는 가게는 대부분 대박집이다. 서산 어딘가 재래시장의 새우젓 가게가 생각난다. 세 자매 아주머니가 3대째 같이 장사를 하는 집이었다. 80세를 훌쩍 넘긴 어머니가 나와 계시다가 옛날이야기를 해주신다. 한창때는 앞치마에 가득 찬 돈을 하루에 두 번씩 비울 정도로 장사가 잘되었단다. 그때는 돈 버는 재미에 힘든지도 몰랐다고. 직접 고른 새우로 새우젓을 담가 자체 개발한 토굴에서 숙성시키는데, 화면에 보이는 드럼통만 해도 수십 개가 넘어 보였다. 웬만한 기업보다도 매출액이 많을 것이었다.

서울에는 매출액과 이익이 웬만한 기업보다 많은 음식점들이 꽤 있다. 시골 장터에서 1만 원짜리 몇 장을 버는 할머니도, 상상을 뛰어넘는 매출을 올리는 강남의 유명 음식점 주인도, 금액은 다르지만 돈 버는 재미만큼은 다르지 않을 것이다.

작은 사업이든 큰 사업이든 모든 사업의 이익구조는 벌어들인 수익에서 세금을 내고 남는 돈으로 투자한 돈과 목표이익을 회수하는 것이다. 그럼 사업을 하는 데 있어 무엇을 먼저 생각해야 할까? 사업성 판단의 기준은 '수익이 투자원금과 목표이익을 회수하는 데 적정한가.' 하는 것이 된다.

키우면 커진다

대학 시절, 신림동 순대볶음 거리는 서울에서 알아주는 명소였다. 지금은 사라진 신림극장 뒤로 마치 재래시장을 연상시키듯 순대볶음 집이 즐비하게 늘어서 있었다. 주머니 사정이 넉넉지 않은 대학생들에게 순대볶음은 부담 없이 한잔할 수 있는 좋은 안주였다. 순대볶음이 신림동을 호령하던 그때, 신림극장 뒤편에 있던 보쌈집이 꽤 인상적이었다.

1987년부터 서울 신림동 신림극장 뒤편에는 다섯 평짜리 보쌈 가게 '골목집'이 있었다. 입소문을 타고 손맛이 알려지면서 5개월 만에 가게를 확장한 뒤 이름을 '놀부집'으로 바꾸게 된다. 대학생 주머니 사정상 보쌈집을 자주 갈 순 없었지만 당시엔 놀라운 맛이었다. 이 놀부집이 바로 우리가 알고 있는 '놀부보쌈'이다. 1989년 놀부보쌈은 브랜드로 첫 가맹점을 냈고, 2011년에는 700여 개의 직영·가맹점을 운영하며 2010년 매출이 1,113억 원이나 되는 기업으로 성장했다.

놀부보쌈이 연 매출 1,113억 원에 약 80억 원의 영업이익을 내는 프랜차이즈 기업이 되자 회사를 사고자 하는 투자자들이 생기기 시작했다. 놀부보쌈은 누구나 사고 싶은 회사가 되었고 결국 상당한 금액을 받고 2011년 11월 해외 펀드에 보유 지분을 매각하게 된다.

앞서 말했듯 놀부보쌈은 다섯 평짜리 가게에서 시작되었다. 사업을 하려고 하는 사람에게 성이 차지 않을 수도 있다. 비록 시작은 미미했지만 놀부보쌈은 창대한 결말을 낳았다. 돈을 버는 또 다른 방법은 이처럼 사업을 키워서 좋은 값에 파는 것이다.

또 다른 예를 보자. 심심치 않게 모 중소기업이 훌륭한 기술을 개발하여 굴지의 대기업에 엄청난 돈을 받고 팔았다는 기사가 나온다. 물론 그 기업이 처음부터 기술만 개발하고 그 기술을 팔아서 돈을 벌려고 했던 것은 아닐 것이다. 그러나 이러한 사례들은 매달 수익을 남기는 것만이 돈을 버는 방법이 아님을 알려준다.

사업을 팔아서 돈을 회수하는 사례는 이 외에도 많이 있다. 음식점을 시작할 때부터 일정 규모 이상의 고객을 확보한 후 좋은 때에 권리금을 받고 파는 것을 전문으로 하는 사람도 있다. 사업을 시작할 때부터 좋은 회사를 만든 후에 회사를 팔아서 투자금을 회수하는 전략을 이용하는 사업가도 있는 것이다.

여기엔 한 가지 전제 조건이 있다. 회사나 점포를 팔아서 돈을 벌려면 그만한 투자를 해야 한다는 것이다. 버는 족족 돈을 가져가기만 하고 투자를 하지 않는다면 사업은 더 이상 클 수 없다. 더 좋은 회사로 만들기 위한 재투자가 매력적인 회사를 만드는 필요조건이 된다.

페이스북의 마크 주커버그

이제 소셜네트워크서비스(SNS)를 이야기할 때 마크 주커버그를 빼놓을 수 없게 되었다. 미국의 기업가이자 소프트웨어 개발자인 마크 주커버그를 세상에 알린 건 페이스북이다. 페이스북을 공동 설립했고 CEO이기도 한 그는 차세대 디지털계를 대표하는 거인이다. 여기까지가 결과다. 주커버그는 처음부터 그런 거인이었을까?

주커버그는 하버드대 2학년 때인 2003년 10월, 페이스매시라는 이름으로 SNS를 시작했다. 2004년 2월 4일에는 더 페이스북이란 이름으로 서비스를 개편했고 2005년에 지금의 이름인 페이스북으로 변경했다. 페이스북은 배타적인 대학생 커뮤니티로 출발했다. 처음엔 하버드대 학생들만 이용할 수 있었지만 이후 전국 대학교로 서비스 영역이 확대됐다. 2005년 9월에는 고등학생도 서비스에 가입할 수 있게 되었고, 2006년 9월에는 13세만 넘으면 누구나 가입할 수 있게 확대되었다.

2006년, 마크 주커버그는 야후로부터 10억 달러에 페이스북을 팔라는 제안을 받는다. 시작한 지 3년 만에 무려 1조 원이 넘는 떼돈을 벌 수 있게 된 것이다. 그러나 주커버그는 인수 제안을 거절한다. 회사를 팔기보다 벤처캐피털로부터 2억 5,000만 달러를 투자받아 계속 페이스북을 직접 운영해나가는 길을 택한 것이다. 그리고 2012년 2월 1일, 페이스북은 기업공개를 신청하고 그해 5월 18일에 나스닥에 상장하여 1,040억 달러의 가치를 인정받게 된다. 상장 당시 주커버그의 재산은 무려 194억 달러에 이르렀다. 야후의 인수 제의를 거절하고 상장을 택한 결과, 몇 년의 시간이 더 걸리긴 했지만 페이스북의 가치를 무려 100배나 높게 인정받은 것이다.

놀부보쌈과 페이스북은 돈을 버는 두 가지 방법을 보여준다. 성장시켜 팔 것이냐, 상장시켜 돈을 더 벌 것이냐.

상장시켜 돈 벌기가 만만치는 않다

페이스북처럼 투자금을 회수하는 또 다른 방법이 기업공개다. 회사 주식을 증권거래소 등에 상장시킨 후 보유 주식을 매각해서 돈을 버는 방법이다. 이 경우에 주의할 것이 있다. 회사를 기업공개 요건에 맞게 운영해야 한다는 것이다.

상장이라는 것은 회사 주식의 일부를 일반투자자들에게 공개적으로 파는 것이다. 개별 주식시장마다 일반투자자들을 보호하기 위하여 각각의 상장요건을 정하고 있다. 국내 유가증권시장이나 코스닥 또는 미국 NYSE나 나스닥 등에 상장하려면 당해 거래소에서 정한 요건을 갖출 수 있는 아이템을 선정하여야 하며, 상장요건에 반하지 않도록 사업계획을 수립하고 운영하여야 한다는 점을 명심해야 한다. 우리나라 코스닥 시장을 예로 들면, 벤처기업이 아닌 일반기업인 경우 자기자본이 30억 원 이상이고 최근 매출액은 100억 원 이상, 당기순이익은 20억 원 이상이어야 한다. 따라서 코스닥 상장을 사업의 목표로 한다면 최소 매출액 100억 원 이상, 당기순이익 20억 원 이상을 벌 수 있는 사업을 해야 한다.

상장을 통해 돈을 벌려고 하는 경우에 알아야 할 또 하나는 회사의 주인인 최대 주주는 기업공개 시 일정 기간 동안 주식을 팔지 못하노록 되어 있다는 것이다. 그 기간이 지나 제도적으로는 팔 수 있다 해도 사실상 최대 주주의 주식 매각은 어렵다. 최대 주주가 조금이라도 주식을 팔 경우, 주가에 부정적인 영향을 주기 때문이다. 또한 대량 매도를 하면 그 회사 주식을 보유하고 있는 기관투자가나 개인투자자들로부터 혹독한 비판을 받을 것이다. 이런 상황 때문에 최대 주주는 말로만 부자지 실제로 돈은 만지지 못하는 현상이 발생하게 된다. 최대 주주 지분의 전부 또는 대부분을 인수함으로써 새로운 최대 주주가 될 사람을 만나야 비로소 돈을 만지게 되는 경우가 많다.

상장에 성공한다면 상장을 통해 돈을 벌 가능성이 높아진다. 하지만 무조건 나도 상장해서 떼돈을 벌겠다는 생각은 위험하다. 마크 주커버그와 같은 사례는 매우 드물기 때문에 뉴스거리가 되는 것이다. 뉴스는 뉴스일 뿐, 현실은 그렇게 녹록하지가 않다.

진리는 하나다

벤처 붐이 한창이던 때를 되돌아보자. 나는 1999년부터 3년간 약 300여 개의 벤처기업에 대해 컨설팅을 수행했다. 당시는 누구나 다 아는 유명 대학교 박사 출신들이 앞다투어 창업을 하던 시기였다. 또 많은 벤처기업들이 코스닥에 상장하여 시가총액이 수천 억 원에서 1조를 넘는 기업들도 다수 등장하던 때였다. 그야말로 벤처 전성기였다.

유명 대학교 박사 출신들이 인터넷, 바이오 등 신규아이템을 기반으로 창업투자회사의 투자가들로부터 10억 원 정도를 투자받는 것은 그리 어려운 일이 아니었다. 거의 모든 벤처기업들이 코스닥 상장을 목표로 하였고 나도 회사 창업 당시부터 코스닥 시장 상장요건에 맞게 사업구조를 구축하도록 도와주는 컨설팅을 수행했다. 하지만 결과적으로 코스닥 상장에 성공한 기업은 점점 줄어들었고, 그로 인해 투자를 주도했던 벤처캐피털과 에인절 투자가로부터 외면받는 처지가 되었다.

왜 그랬을까? 나는 모 대학에서 아이템 선정과 관련된 강의를 하면서 그 해답을 찾을 수 있었다. 이유는 모든 벤처기업가들이 너도나도 상장만 처다보고 달려간 데 있었다. 상장에 필요한 선행조건이 있다. 우선 좋은 회사로 만들어야 한다. 그런데 상장을 꿈꾸면서도 정작 사업 성공을 위한 여러 가지 체크포인트는 챙기지 못하고 자기가 보유하고 있는 능력을 과신하거나 갖추지 못한 부분을 소홀히 한 것이다. 결국 그것이 실패의 원인이 되었다.

어떤 방식으로 돈을 벌려고 하든 진리는 한 가지다. 돈을 잘 벌거나 잘 벌 가능성이 있는 회사는 팔 때나 상장할 때나 비싼 값을 받을 수 있지만, 돈을 못 벌거나 벌 가능성도 적은 회사는 팔리지도 않고 상장시켜주지도 않는다.

백년기업을 꿈꾸는가?

사업가들의 로망, 백년기업

매주 일요일, 텔레비전 채널을 돌리다보면 가끔 100년 이상 대를 이어 한 우물을 파는 세계 유수의 백년가게를 만나게 된다. 이 프로그램은 전 세계 100년 이상 된 가게나 기업의 성장과 위기의 순간, 그리고 이를 극복한 감동적인 순간과 역대 선조의 경영 비법을 들려주고 그들이 보물처럼 여기는 가보를 보여준다.

이 프로그램을 보고 있으면 일단 부럽다. 특히 자기 물건에 대한 자부심으로 가득 차 있는 장인들의 자신감과 100년이 넘게 인기를 끌게 된 그들만의 성실한 노력과 노하우에 존경을 표하게 된다. 2012년 12월까지 이 프로그램을 통하여 소개된 백년기업이 50여 개가 넘고 백년가게도 50개가 넘는다. 물론 우리나라 기업도 간간이 소개되고 있으니 백년기업이 다른 나라 일만은 아닌 모양이다.

100년 동안 대를 이어 한 가지 사업만을 한다는 것. 얼마나 아름다운가? 그러나 창업을 둘러싸고 있는 우리의 현실은 아름답지 못하다. 2012년 12월 27일에 통계청이 발표한 '기업생멸 행정통계'에 따르면 우리나라 신생기업의 평균 생존율은 창업 1년 후 62.5%, 2년 후 49.1%로 조사돼, 창업 2년 뒤에는 절반 정도만 생존하는 것으로 나타났다. 3년 후에는 41.2%, 5년 뒤에는 30.2%에 그쳤다. 3년 뒤에는 신생기업 열 곳 중 네 곳이, 5년 뒤에는 세 곳만 살아남는다는 이야기인 셈이다. 특히 1인 기업의 경우 생존율이 더욱 낮아 2년 뒤에는 절반이 살아남았고, 5년 뒤에는 생존 기업이 열 곳 중 세 곳에도 못 미쳤다고 한다.

생존기간과 관련하여 KB금융지주 경영연구소에서 2012년 10월에 공개한 '개인사업자 창·폐업 특성 및 현황 분석'에 나와 있는 개인사업자의 업종별, 영업기간별 휴·폐업률 자료도 한번 살펴보자.

다음 페이지의 표에 따르면 개인사업자 중 창업 후 1년도 안 되어 문을 닫는 곳이 18.5%나 되고, 5년이 안 되어 문을 닫는 곳이 무려 59.5%나 된다. 특히 전체 개인사업자의 24.6%를 차지하는 음식점은 5년 내에 65.2%가 문을 닫고, 개인사업자 중 7.2%를 차지하는 주점 및 유흥 서비스 사업자는 무려 74.1%가 5년도 안 되어 문을 닫는다. 개인사업자 전체적으로 보면 5년 이상 장사하는 곳이 열 곳 중 네 곳 정도고 10년 이상 장사하는 곳은 네 곳 중에 한 곳도 안 되는 것이 현실임을 보여주는 통계다.

개인사업자 업종별, 영업기간별 휴 · 폐업률

구분	비중	영업기간별 휴 · 폐업률						
		6개월 미만	1년 미만	2년 미만	3년 미만	5년 미만	7년 미만	총 폐업률
주점 및 유흥 서비스	7.2%	10.6%	26.4%	49.7%	62.0%	74.1%	81.2%	88.7%
정보통신업	1.0%	10.6%	23.4%	44.0%	56.1%	69.6%	77.8%	84.7%
음식점	24.6%	7.7%	20.2%	40.4%	52.2%	65.2%	73.3%	81.7%
의류 및 잡화점	9.6%	8.3%	22.2%	42.6%	53.6%	65.9%	74.0%	79.1%
스포츠 및 오락	4.6%	7.7%	18.0%	35.1%	46.0%	59.2%	67.7%	78.5%
전자제품 판매	1.9%	7.3%	16.8%	33.9%	44.8%	58.5%	67.5%	75.7%
학원 및 교육 서비스	5.5%	4.4%	11.4%	25.8%	36.6%	51.6%	62.6%	75.3%
숙박업	1.5%	7.7%	16.4%	31.9%	41.6%	53.4%	61.4%	73.0%
문구 및 서점	1.1%	6.4%	14.8%	29.3%	39.9%	54.3%	64.1%	71.8%
식품 및 종합 소매	10.9%	7.6%	16.6%	31.0%	40.8%	54.3%	64.5%	71.7%
이미용 및 화장품 판매	8.3%	7.4%	17.3%	33.2%	43.0%	54.2%	61.7%	70.4%
기타 개인 서비스	4.9%	6.1%	13.9%	27.3%	36.4%	48.9%	58.8%	63.5%
차량 및 관련 서비스	4.0%	5.5%	13.4%	26.7%	36.1%	48.0%	56.0%	61.8%
건설 및 부동산 서비스	0.6%	7.3%	14.5%	26.6%	35.0%	50.3%	61.5%	61.6%
건자재 및 가정용품 판매	7.0%	4.7%	11.4%	24.1%	33.2%	45.9%	54.9%	60.2%
병원 및 의료 서비스	3.3%	5.3%	12.0%	22.3%	28.7%	37.4%	43.9%	54.3%
택시 및 운수업	2.4%	1.8%	4.3%	9.4%	14.2%	23.6%	32.7%	48.5%
약국	1.2%	5.1%	11.4%	20.7%	26.7%	35.5%	40.8%	44.6%
평균		7.5%	18.5%	36.2%	46.9%	59.5%	67.8%	75.4%

백년기업을 꿈꾸는 것은 좋다. 그러나 개업한 지 5년 정도 지나면 열 개 중 일곱 개가 없어지는 게 현실이다. 너나 할 것 없이 모두가 시작하면서부터 백년기업을 목표로 하는 것이 과연 좋을까? 이제 로망에서 현실로 가야 할 때다.

변화에 발맞추자

많이 벌려고 하든 적게 벌려고 하든, 일단 사업을 시작하면 새로운 변화에 맞추어 끊임없이 기존아이템을 보완하고 새로운 아이템을 개발하는 노력을 기울여야 한다. 그것이 최대한 오랫동안 돈을 버는 비법이다. 막연히 특정 사업을 영속적으로 영위하기보다는 어느 정도가 지난 후 어느 시점에 어떤 방식으로 정리하고 철수할 것인지 미리 생각하는 것이 보다 현실적이다.

사업가는 무엇을 하든지 항상 하고 있는 사업에 대한 생각이 머리를 떠나지 않는다. 긴장을 푸는 순간 한방에 나락으로 떨어질 수 있다는 사실을 누구보다 절실히 느끼며 하루하루를 살아간다. 사업가도 사람이다. 사람은 한 가지만을 계속하다보면 싫증을 느끼고 지치게 된다. 죽을 때까지 지치거나 싫증을 느끼지 않으며 한결같이 한 가지 사업만을 계속할 능력을 가진 사람이 몇이나 될까? 설사 능력이 있다 해도, 아무리 좋은 사업이고 돈을 많이 버는 사업이라 하더라도, 평생 한 가지 일만 하는 것이 과연 행복할까? 그동안 만난 많은 사업가들은 밖에서 보기에는 그럴듯한 회사의 사장으로 주위의 부러움을 사지만 항상 긴장하는 삶에 지쳐 있었다. 그들은 단 며칠이라도 아무 생각 없이 쉬기를 진정으로 원하고 있었다. 뿐만 아니라 하고 있는 사업이 아무리 잘되고 있어도 무언가 새로운 것을 하고 싶다는 마음을 가지고 있음을 쉽게 엿볼 수 있었다.

100년 넘게 동일아이템을 영위하고 있는 세계 굴지의 우량기업이 있지만 그렇다고 해서 모든 사업가가 100년이 넘을 만한 아이템만을 고집할 필요는 없다. 아니, 하고 싶어도 그런 아이템은 매우 드문 것이 현실임을 받아들여야 한다. 좋은 아이템을 발굴하여 자손대대로 계승·발전시키면 금상첨화일 것이다. 하지만 사업을 막 시작함에 있어서는 얼마 동안이나 이 사업을 영위할지 정하는 것이 현실적이다. 이 사실을 염두에 두고 사업을 구상해야 한다.

첫 단추를 잘 끼우자

1. 명확하면 흔들리지 않는다

· 사업목적을 명확히 하는 것이 사업 성공의 근본이다.

· 허황된 목표는 꿈이 아니라 망상이다.

· 목표를 설정함에 있어 꿈은 원대하게 가지되 현재 하려는 사업은 현실적이어야 한다.

· 사업은 돈을 벌기 위함이지 마음 맞는 사람들의 동호인 모임이 아니다.

2. 그래, 얼마를 벌고 싶소?

· 얼마를 벌 것인지에 대한 목표를 명확히 하라.

· 처음 시작하는 사업에서는 욕심을 버려라.

· 자기 능력에 맞게 목표를 설정하라.

3. 방법은 하나가 아니다

· 돈 버는 방법은 하나가 아니다.

· 회사나 점포, 기타 사업을 팔아서 돈을 벌려고 한다면, 더 좋은 회사로 만들기 위해 재투자를 하라.

· 상장시켜 돈을 벌려면 기업공개 요건을 충족시켜야 함을 명심하라.

· 돈을 버는 진리는 하니디. 돈을 잘 벌거나 잘 벌 가능성이 있는 회사는 팔 때나 상장할 때나 비싼 값을 받을 수 있고, 못 벌거나 벌 가능성도 적은 회사는 팔리지도 않고 상장시켜주지도 않는다.

4. 백년기업을 꿈꾸는가?

· 열 곳 중 일곱 곳은 개업한 지 5년 정도 지나면 없어지는 게 현실이다.

· 그 사업을 얼마 동안 영위하고 어느 시점에 어떤 방식으로 정리하고 철수할지를 미리 생각해야 한다.

· 평생 한 가지 일을 하는 것이 과연 행복한 것인지를 생각해보라.

우리 시대 아버지들의 삶

이제 50세 전후가 되어버린 우리 시대 아버지들의 삶은 어땠을까? 80년대에 대학을 다닌 사람들은 이제 거의 50세 전후가 되었으니 몸담고 있는 조직에서 간부급 이상은 될 것이다. 그중에는 억대 연봉자도 꽤 있을 것이다.

그들은 어떻게 살아왔는가? 입사 초기에는 경쟁이 그리 심하지 않으니 집에 일찍 가는 날도 있고 주말이면 자기가 좋아하는 일도 할 수 있었다. 그런데 직급이 올라갈수록 경쟁은 심해지고 삶은 팍팍해진다. 이제는 올라가지 못하면 더 이상 회사에 다닐 수가 없다. 집에 있는 아내와 아이들은 안정적인 생활에 익숙해져 아빠가 영원히 돈을 벌어다줄 것이라 기대하고 있다. 무조건 올라가야 한다. 더 이상 승진은 자기 자신의 능력을 인정받고 보다 나은 권한을 갖기 위한 것이 아니다. 생존이 걸린 문제다. 못 올라가 잘리면 더 이상 우리 가족들의 현재 삶을 유지시켜줄 수 없게 된다. 나의 모든 것을 걸고 올라가려 노력하는 수밖에 없다.

언제부터인가 우리 아버지들에게 직장은 일터가 아닌 삶의 전부가 되어버렸다. 월요일부터 금요일까지 출퇴근하는 것에 그치지 않고, 근무시간 이후에도 외부 고객이나 내부 동료, 선후배들과 허구한 날 술판이다. 모범 아버지를 가리키는 7땡(7시 땡 치면 집에 도착하는 아버지)이라는 단어는 참 아름다운 말이다. 그러나 그렇게 해서는 살아남을 수 없다. 주말에는 어떤가? 평일보다는 덜하지만, 정말로 높은 지위까지 올라가려면 주말도 포기해야 한다. 더 많은 고객과 더 많은 선후배와 등산을 가든 골프를 치든 뭔가를 같이 하면 할수록 올라갈 가능성은 높아진다. 좀 심하다 싶지만 꽤 높은 자리의 직장인들은 3월이 되면 벌써 가을까지 주말 스케줄이 잡힌다고도 한다. 밖에서는 훌륭해 보이지만 내면을 들여다보면 참 팍팍한 인생이다. 그래도 계속 다닐 수만 있다면 얼마나 좋을까.

그러나 아무리 좋은 직장이라도 내가 주인이 아닌 이상 영원히 다닐 수는 없다. 언제부터인가 정년퇴직하는 사람은 드물게 되었다. 많은 아버지들이 50대 전후로 회사를 그만두고, 60세가 되기 전에는 거의 모든 아버지들이 평생 다니던 직장을 그만두게 된다. 그동안 직장밖에 모르고 직장 그 자체가 삶의 전부였는데, 갑자기 낯선 세상으로 내던져지는 것이다. 한마디로 '멘붕'이다. 어느 날 갑자기 아침에 일어나 갈 곳이 없어졌다. 위로받고 싶다. 그런데 가장 가까이 있는 가족마저도 그동안 수

고했다고 생각하지 않는 것 같다. 이제까지 아버지 하나 믿고 살아왔는데 갑자기 매달 주던 용돈을 안 주면 어떡하느냐는 눈치다. 지금까지 벌어다준 수고에 감사하기보다 지금까지의 생활을 앞으로는 유지할 수 없는 것에 대한 실망이 더 큰 것 같다. 갑자기 능력 없는 사람이 되어버렸다. 화가 난다.

여기서 잘해야 한다. 화가 난다고 아내나 아이들에게 화풀이를 하거나 실망하지 말자. 어쩔 수 없는 상황을 받아들이고 차근차근 생각해보자. 나에게도 그동안의 삶이 있었듯 가족들에게도 익숙한 삶이 있는 것이다. 내가 새로운 환경을 인정하고 적응하려면 시간이 필요한 것처럼 그들에게도 시간이 필요하다. 무능한 아버지로 찍히는 것을 피하기 위해 성급하게 새로운 일을 벌이지 말고 주위를 돌아보자. 나 말고도 나와 같은 상황에 있는 아버지들이 수없이 많다. 비율로 따지면 그만둔 내가 이상한 게 아니고 아직도 직장에 다니는 사람이 소수인 사회다.

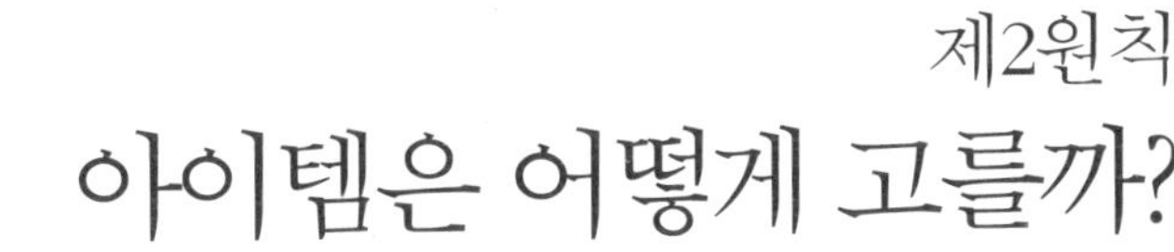

구우일모(九牛一毛)

아홉 마리 소의 터럭 하나.
아홉 마리 소에 털은 몇 올이나 될까?
셀 수 없다.
흔하디 흔한 것으로는 성공할 수 없다.

달라야
팔린다

내가 장갑을 산 이유

나는 걷는 걸 좋아한다. 약 2년 전부터 사무실 근처의 양재천을 비가 오나 눈이 오나 하루 한 시간씩, 시속 6킬로미터로 걷는다. 주말이면 상봉역에서 기차를 타고 팔당역으로 간다. 그곳에서 양평역까지 연결된 자전거도로를 구간별로 나누어 걷기도 하고 춘천으로 가서 호반산책로를 걷기도 한다.

추운 겨울에 걷기 위해서는 준비할 것이 있다. 모자에 목도리는 물론 장갑과 안면보호대 등으로 완전무장을 해야 된다. 그런데 스마트폰을 쓰면서 불편함이 생겼다. 열심히 걷다 전화가 오면 장갑을 벗어야 하는 것이다. 장갑을 벗는 사이에 전화가 끊겨 한 소리를 들을 때도 있다. 그렇다고 추운데 장갑을 안 낄 수도 없다.

그런데 어느 날 중앙선 전철을 타고 팔당역으로 가는데 전철 안에서 어떤 아주머니가 스마트폰 장갑을 팔고 있었다. 장갑을 낀 채로 스마트폰을 작동시킬 수 있다며 연신 시범을 보이고 있었다. 장갑을 벗지 않아도 된다니 이 얼마나 좋은가? 물론 주저 없이 한 켤레를 샀다.

대부분 한 켤레 이상의 장갑을 가지고 있을 것이다. 나도 가죽장갑에 선물로 받은 장갑 그리고 마음에 들지 않는다고 애들이 준 장갑까지, 장갑이 세 켤레나 된다. 물론 일반적인 장갑이라면 더 이상 필요하지도 않을 뿐더러 새로 살 마음도 전혀 없었을 것이다. 그런데 장갑을 또 산 것이다. 그러나 정확히 말하면 내가 산 것은 기존 개념의 장갑이 주는 가치가 아니다. 나는 장갑을 끼고도 스마트폰을 조작할 수 있다는 새로운 가치를 산 것이다.

고객이 사는 것은 단지 하나의 물건이 아니다. 물건 자체보다 그 물건이 자기에게 주는 가치를 사는 것이다. 우리는 '무엇을 팔 것인가.'를 정할 때, 고객이 느끼는 가치가 무엇인지 고민해야 한다. 이는 물건이 아니라 가치를 팔아야 함을 의미한다. 판매자가 자신이 파는 물건의 가치를 모른다면 그 물건은 팔리지 않을 것이다. 물건에 가치를 부여하고 그 가치를 소비하는 것이 사업하는 사람의 마음이어야 한다.

생각을 바꾸면 길이 열린다

아이를 키워본 부모라면 어린아이를 어른용 식탁에 앉힐 수밖에 없어 불편했던 경험이 있을 것이다. 우리 집에서는 식탁에 앉히는 것을 포기하고 낮은 상에 밥을 차려 아이들과 같이 먹었다. 그나마 좌식문화를 가진 우리나라에서나 가능한 일이었다. 그런데 이런 불편을 획기적으로 해결한 기업이 있다. 노르웨이의 유아용품기업 스토케다. 요즈음은 유모차 업계의 벤츠라고도 불리는 기업이다.

스토케는 1932년, 버스 의자를 만드는 회사로 시작되었다. 스토케의 디자이너 피터 옵스비크는 1972년에 어른용 의자에서 불편해하는 아들을 보게 된다. 그리고 아이의 성장 단계에 따라 높이와 다리받침이 조절되는 트립트랩이라는 유아용 의자를 개발한다. 트립트랩은 아이 성장에 따라 발판의 높이를 조절할 수 있도록 설계되었다. 뿐만 아니라 탈부착이 가능하도록 안전테두리를 장착하여 유아부터 어른용 의자에 앉을 수 있을 때까지, 오랫동안 사용할 수 있도록 만들어졌다.

당시 대부분의 부모들이 유아용품은 사용기간이 짧아 한 번 쓰고 버리는 것이라는 생각을 가지고 있었다. 유아용품기업들도 연령대에 맞게 적당한 가격과 품질의 제품을 출시하면 된다고 생각했다. 그런데 통념을 깨버린 제품이 출시된 것이다. 결과는 어땠을까? 제품 출시 후 무려 700만 개 이상이 판매되었고 회사 매출의 60%를 차지하는 효자 상품으로 자리 잡았다. 부모들은 트립트랩의 가격이 연령별 제품보다는 비싸지만 오랫동안 사용할 수 있어 더 이익이라고 생각했다.

또 하나의 예가 있다. 어느 날 텔레비전 아침 프로그램의 초대 손님으로 주부 CEO가 나왔다. 이 주부는 잘나가는 회사의 사장까지 지낸 남편 덕에 한 번도 돈 버는 것에 대하여 생각해본 적이 없는 아줌마였지만 남편이 50대 중반에 회사를 그만두게 되자 할 수 없이 돈을 벌러 나설 수밖에 없었다.

집안 살림 말고는 아무것도 해본 적이 없지만 그게 바로 주부의 무기 아니던가. 그 주부는 자신의 전공을 살려 반찬 가게 사업을 생각했다. 그런데 반찬 가게는 이미 한둘이 아니다. 대형마트에도 반찬 가게가 있고 시장에도 많은 반찬 가게가 있다. 뭔가 달라야 했다. 그래서 반찬 가게와 뷔페식당을 같이 하게 되었다. 반찬 가게 겸 뷔페식당은 카페처럼 깔끔하다. 마치 제과점의 빵처럼 반찬들이 종류별로 진열되어 있고 한쪽 옆에는 카페 같은 인테리어의 뷔페식당이 있다. 여기서 손님들은 뷔페 음식을 먹으며 여러 가지 반찬을 맛보고 본인의 입맛에 맞는 반찬을 사간다. 반찬 가게인데 연 매출이 3억 원을 넘는다고 한다. 기존의 반찬 가게와는 달리 식사를 하면서 직접 충분히 맛을 보고 고를 수 있는 기회를 줌으로써 기존 반찬 가게와 다른 가치를 제공하기 때문이다.

우리의 물건은 어떠한가? 내 물건이 다른 물건과 다른 점은 무엇인가? 서비스나 분위기를 포함해서 고객은 내 물건을 다른 물건과 어떻게 구별할 수 있을까? 구별할 수 없다면 내 물건은 그저 그런 하나의 물건에 불과한 것이다. 변별점을 찾지 않으면 성공할 수 없다.

다르다는 것도 하나의 가치다. 누구나 똑같다면 굳이 내 물건을 살 이유가 없다. 다른 가치를 부여하는 것은 사람이다. 똑같은 물건을 판다면 다른 서비스를 제공해야 한다. 서비스 역시 가치이기 때문이다. 다른 사람과 똑같이 생각하면 달라질 수 없다. 생각을 달리하는 것 역시 가치를 높이는 것이다.

뭐든지 다 판다?

내가 근무하고 있는 회사의 지하상가에 '뭐든지 다 판다'라는 간판을 내건 가게가 하나 있었다. 그런데 우리 사무실 직원 중 그 가게에서 무엇을 파는지 아는 사람은 아무도 없었다. 물론 지금 그 가게는 없어졌다.

아마존닷컴을 보자. 아마존닷컴은 지금이야 CD, 비디오, 소프트웨어 등 여러 가지를 팔지만 처음에는 서적만을 취급했다. 물론 서적과 마찬가지로 설령 떼인다 해도 큰 부담이 없고 어디서 사더라도 동일한 품질을 보장받을 수 있는 물건을 20개 정도 내정하고 있었다. 하지만 처음에는 서적만을 판매했다. 때문에 소비자들은 아마존닷컴 하면 자연스럽게 인터넷서점을 떠올린다.

백년기업이나 가게로 소개되는 집들은 파는 물건은 다르지만 매우 유사한 점이 있다. 잡다하게 여러 가지 물건을 팔지 않는다는 것이다. 하나같이 무엇을 파는지 분명히 정하고 있다. 그것도 사업을 시작하면서부터다. 100년이 넘어서도 그 명맥을 유지하게 하는 것은 무엇을 팔 것인지를 명확히 정했기 때문 아닐까?

음식점을 한다고 생각해보자. "무엇을 팔 것인가?"라는 질문에 어떻게 답할 것인가? "한식이요." "일식이요." "중식이요." 이렇게 말할 것인가? 그렇게 말하면 고객이 알아서 찾아오리라 생각하는가? 절대 아니다. 아무리 친한 사람이라도 그보다 자세히 이야기해줄 수 있어야 찾아간다. 한식이 어디 한두 가지인가? 적어도 듣는 사람이 뭘 파는 음식점인지 구분할 수 있을 정도는 되어야 하지 않을까?

다른 사람은 어떨지 모르겠지만 나와 내 친구들은 메뉴가 많은 음식점에는 잘 가지 않는다. 저녁에 소주 한잔할 집을 고른다면 가령 이런 식이 된다. 먼저 안주를 고기 종류로 정한다. 다음에는 소고기, 돼지고기, 닭고기 등으로 나눈다. 그중 돼지고기를 골랐다면 삼겹살, 돼지갈비, 족발, 보쌈 등으로 세분화한 다음, 마지막으로 세분화된 음식을 전문적으로 하는 집을 찾아간다. 그건 특정 음식을 전문적으로 다루는 식당이 여러 가지 종류의 음식을 파는 식당보다 잘할 것이라는 생각을 갖고 있기 때문이다. 물론 다 그런 건 아니다. 하지만 그렇지 않다면 얼마 버티지 못할 것은 분명하다.

물론 포장마차처럼 메뉴보다는 분위기 자체가 하나의 상품인 경우도 있다. 선호하는 음식이 다른 고객들이 서로 마음에 맞는 음식을 골라먹을 수 있는 장소를 제공하는 것을 목표로 하는 음식점도 있다. 나도 선호하는 음식이 다양한 모임의 경우에는 여러 가지 음식을 제공하는 곳으로 간다. 거기에 가면 무엇을 시킬지에 대해 싸울 필요가 없다. 고기부터 회 종류, 튀김, 중식 등 다양한 음식을 제공하기 때문에 각자가 선호하는 음식을 골라먹으면 된다.

고객이 제품이나 서비스를 통해 제공받을 수 있는 가치가 무엇인지를 명확히 해야 한다. 이는 '무엇을 팔 것인가.'를 명확히 하는 것과 같다. 뭐든지 다 판다고 하는 것은 아무것도 안 판다는 것과 다르지 않다.

과녁이 없으면
활을 쏘지 마라

고객이 기준이다

2000년 1월, 새로운 형태의 증권회사가 설립되었다. 현재는 키움증권이지만 설립 당시 이름은 키움증권닷컴이었다. 이름 그대로 키움증권닷컴은 지점이 없는 온라인 증권사였다. 증권회사로는 비교적 적은 금액인 500억 원의 자본금으로 출발한 키움증권은 온라인으로 거래하는 고객을 목표고객으로 선정하여 온라인 시스템 개발에 집중했고 온라인에 특화된 마케팅을 수행했다.

인터넷이 보급되기 이전에는 주로 객장에서 주식거래가 이루어졌다. 하지만 2000년 이후 인터넷이 널리 보급되고 홈트레이닝시스템(HTS)을 활용한 거래가 활성화되자 지점을 설치하지 않고 온라인 고객만을 대상으로 한 증권회사가 설립된 것이다. 결과는 어땠을까? 키움증권은

2012년 7~9월 기준 국내 증권사의 핵심 비즈니스인 주식중개시장에서 시장점유율 14.8%로 1위를 차지했고, 2012년 3월 결산 결과 1년에 1,227억 원의 당기순이익을 벌어들였다. 만일 키움증권이 온라인 고객에 특화하지 않고 일반 증권사처럼 지점을 내고 모든 증권거래자들을 대상으로 했더라면 선발기업들을 이겨낼 수 있었을까?

사업을 시작하기 전, 우리는 팔고자 하는 물건의 특성과 동원할 수 있는 자금, 조직 등 우리의 능력에 따라 현실적인 목표고객을 정하는 과정을 거친다. 우리의 능력이 삼성전자나 현대자동차와 같은 글로벌 기업에 필적한다면 전 세계를 타깃으로 삼을 수 있을 것이다. 국내에 전국적인 유통망을 확보할 수 있다면 우리나라 전체를 타깃으로 삼을 수 있다. 그러나 여러 가지 형편상 동네슈퍼나 세탁소 등 일정 지역을 대상으로 하는 사업을 구상하는 경우에는 소비자가 기꺼이 접근할 수 있는 범위가 타깃이 될 것이다.

목표고객을 정함에 있어 또 하나 중요한 점은 고객의 입장이어야 한다는 것이다. 내 물건이 정말 좋기 때문에 좀 멀더라도 기꺼이 많은 고객들이 찾아올 것이라는 막연한 기대는 위험하다. 고객은 현명하다. 조금 멀어도 대형마트를 이용하는 이유는 자동차를 이용할 수 있고 이것저것 필요한 물건을 한 장소에서 살 수 있기 때문이다. 일반 소매점에서 특정 물품을 싸게 판다 해도 그 하나만을 사기 위해 자동차를 이용하지는 않는다. 조금 비싸더라도 걸어서 갈 수 있는 가까운 곳을 찾게 된다. 고객은 어떤 물건을 사기 위해 들여야 하는 수고와 그를 통해 얻는 이익을 감각적으로 인식하고 그에 따라 행동한다. 따라서 목표고객을 정하는 중요한 기준 중 하나는 고객의 입장에서 기꺼이 접근할 수 있는가 하는 것이다.

비교적 전문화된 서비스인 의료 서비스와 법률 서비스를 예로 들어보자. 영화 〈미녀는 괴로워〉의 여주인공 한나는 뚱뚱한 외모 때문에 다른 사람의 목소리를 대신하는 가수로 살아간다. 그러다 성형수술을 통해 모두에게 주목받는 미녀로 다시 태어난다. 영화에서처럼 성형이 사람을 완전히 바꾸어준다면 정말 놀라운 의술일 것이다. 그래서 그런지 요즈음 지하철이나 버스를 타면 엄청나게 많은 성형 관련 병원 광고를 접하게 된다. 그중에는 성형을 원하는 모든 고객을 대상으로 하는 병원도 있지만 눈이나 코, 가슴, 양악 등 특정 부분의 성형을 타깃으로 하는 병원도 많다. 영화처럼 변하는 것이 가능할지는 모르겠지만 성형 전 모습과 성형 후 모습을 비교하여 내세운 모델들을 보면 정말 잘하는구나 하는 탄성이 저절로 나온다.

아마 성형외과 전문의들은 대부분의 성형수술에 대한 지식과 능력을 가지고 있을 것이다. 뭐든지 다 할 수 있다고 하면 대상 고객이 더 많을 텐데 굳이 특정 분야만을 내세우는 이유는 무엇일까? 현 시대를 살아가는 우리 고객들은 구매를 하기 전에 많은 정보를 수집한다. 그리고 보다 전문화되고 특화된 서비스를 원한다. 이러한 소비자의 구매 행동 패턴에 따라 특정 분야의 전문성을 내세움으로써 목표고객층을 정하는 것이 더 유리해졌다. 이러한 흐름은 변호사업계도 마찬가지다.

예전에는 법률 문제가 발생하면 그냥 변호사 사무실을 찾았지만 지금은 다르다. 변호사들도 크게 민사 문제를 다루는 변호사와 형사 문제를 다루는 변호사로 나뉘어져 있고, 민사변호사들도 다시 M&A 전문 변호사, 이혼 전문 변호사, 파산 전문 변호사, 기업 관련 소송 전문 변호사, 교통사고 전문 변호사, 의료사고 전문 변호사, 금융 관련 전문 변호사 등 분야별로 세분화되어 있다. 이제 우리 의뢰인들은 법률 관련 문제가 발생했을 때 아무 변호사나 찾지 않는다. 내 문제를 가장 잘 해결해줄 수 있는 그 분야의 전문 변호사를 찾아간다.

결론은 간단하다. 내 물건이 모든 사람이 다 필요로 하는 물건일 수도 있다. 하지만 물건을 더 잘 팔고 싶다면 목표고객층을 정해야 한다. 그리고 그 기준도 고객의 입장이 되어서 정해야 한다.

쪼개라. 그러면 팔릴 것이다

내 지갑에는 한 카드사에서 발급한 카드만 세 개나 된다. 하나는 항공사 제휴 마일리지 카드이고 하나는 이용금액에 따라 금융포인트를 주는 카드, 또 하나는 연회비가 좀 비싸지만 혜택이 많은 플래티늄 카드다. 한 회사 카드지만 각 카드마다 나름대로의 효용이 있어 같이 사용하고 있다.

여기서 다른 카드사의 카드 종류를 연회비 기준으로 한번 살펴보자. 이 카드사의 홈페이지를 보면 연회비가 5,000원인 카드가 하나, 1만 원인 카드는 둘, 1만 5,000원인 카드가 다섯, 2만 원인 카드가 열둘, 3만 원은 여섯, 5만 원 넷, 7만 원 셋, 9만 원 하나, 10만 원 셋, 20만 원 둘, 60만 원 하나, 200만 원 하나 등 총 41개의 카드가 있다. 연회비가 5,000원인 카드부터 200만 원인 카드를 만들어놓고 연회비에 따라 고객을 세분화한 것이다. 나아가 같은 연회비를 지급하더라도 혜택이 다른 카드 상품을 제공하여 고객을 또다시 세분화시키고 있다. 이 카드사의 연회비 2만 원짜리 카드는 무려 열두 개나 된다. 연회비 2만 원 수준의 고객을 다시 캐시백카드, 여성우대카드, 쇼핑카드, 여행카드, 자동차생활카드, LPG충전카드, 멀티포인트카드, 가족생활카드 등 특정 혜택을 선호하는 그룹으로 세분화한 것이다.

목표고객을 정할 때는 최대한 세분화하는 게 중요하다. 잘게 나누면 나눌수록 고객의 니즈를 충족시킬 수 있는 맞춤 서비스가 가능할 것이다. 그러나 모든 사람이 필요로 하는 물건이라고 해도 모든 사람을 목표고객으로 잡으면 안 된다. 이용 가능한 소비자를 모두 목표고객으로 잡는 것은 이론적으로 가능할지 몰라도 현실적으로는 맞지 않다.

먼저 내가 제공한 제품을 가장 필요로 하는 대상을 정해야 한다. 그리고 마케팅이 용이할 것인지에 대한 판단을 해야 한다. 그다음은 다시 고객을 세분화하는 것이다. 여기서도 중요한 것은 고객의 입장에서 생각해야 한다는 것이다. 물론 최초 선정한 목표고객에서 성공을 거둔다면 또 다른 타깃으로 확산하는 전략을 쓸 수도 있다.

이러한 세분화는 거의 모든 사업에 필요한 사항이다. 자기가 제공하는 물건에 대한 자신감으로 사용할 필요성이 있는 사람은 어떠한 악조건에도 불구하고 기꺼이 살 것이라는 환상은 금물이다. 초기에는 목표고객층을 좁혀라. 안정권에 접어들어 다시 넓히면 된다.

고객별로 시장규모를 파악하라

잘게 쪼개면 쪼갤수록 맞춤 서비스가 가능해진다. 하지만 사업하는 사람 입장에서 고객층을 한없이 쪼갤 수는 없다. 세분화된 고객별로 차별화된 물건을 제공하기 위해서는 추가비용이 들어갈 수 있기 때문이다.

앞서 살펴본 카드사의 카드 상품은 총 41개다. 고객의 입장에서만 생각한다면 몇 백 개 아니 몇 천 개의 각각 다른 카드를 만들 수 있을 것이다. 그러나 카드사는 그렇게 많은 카드를 만들지 않는다. 한 개의 카드를 기획하고 서비스 제공 체제를 구축하고 홍보하는 데는 돈이 들어간다. 그래서 카드 상품 기획 단계에서 신상품의 목표고객을 정하고 그 규모를 예측하는 것이 필수적이다. 만일 새로운 상품의 예상 고객이 수익성을 확보하는 데 부족하거나 다른 상품보다 떨어지는 경우에는 굳이 그 상품을 출시할 필요가 없는 것이다.

여기에도 다시 세분화하는 전략이 필요하다. 일단 확실히 물건을 살 집단을 1차 목표고객으로 정한다. 그다음으로 구매 가능성에 따라 2차 목표고객, 3차 목표고객 등으로 세분화하고 각 단계별로 시장규모를 파악해야 한다. 만일 1차 목표고객만으로도 수익성을 확보할 수 있는 시장규모가 나온다면 성공확률은 훨씬 높아질 것이다. 구매 가능성이 적은 고객까지 흡수해야만 수익성을 확보할 수 있다면 그 사업에 대해 다시 한 번 생각해보아야 한다. 아무리 좋은 물건이라도 사줄 고객이 얼마 없어 투자한 돈도 회수할 수 없다면 그 사업을 할 이유가 없지 않은가.

사는 데는
이유가 있다

필요는 사업을 낳고

　고대 마야 달력은 2012년 12월 21일로 끝이 난다. 종말론자들은 이를 근거로 그날을 지구의 종말이라고 주장한다. 〈2012〉는 여기서 나온 이야기를 다룬 영화다. 영화 속에서 저명한 과학자들은 오랜 연구 끝에 실제로 멸망의 시기가 다가오고 있음을 감지한다. 지구의 내부 온도가 올라 온통 끓어오르고 전 세계 곳곳에서는 지진, 화산폭발, 거대한 해일 등 각종 자연재해들이 발생해 그 누구도 막을 수 없는 최후의 순간이 도래한다는 것이다. 각국의 정부는 이러한 인류 멸망을 대비하기 위해 노아의 방주 같은 것을 비밀리에 만들기로 결정한다. 그 방주의 탑승권은 1인당 10억 유로다. 2012년 12월을 기준으로 10억 유로는 약 1조 4,000억 원에 이른다. 물론 각국 정상 등 권력자들은 무료 탑승이다. 세계를 움직이는 권력이 있거나 돈이 천문학적으로 많아야 인류 멸망의 순간에도 살 수 있는 것이다. 그렇게 비싸고 비밀리에 모집하는데도 방주엔 남은 자리가 없다. 사람이 죽으면 돈도 소용없다. 인류 멸망을 믿는다면 그 정도 금액을 지불할 사람은 많다.

약 83조 원의 재산으로 세계 1위의 갑부 자리를 차지하고 있는 카를로스 슬림은 인류 멸망의 순간에 약 60명분의 생존티켓을 살 수 있다. 세계 부자 순위 69위인 이건희 삼성전자 회장은 14조 원의 재산으로 열 장의 생존티켓을 살 수 있다.

이 이야기를 하는 것은 가치와 필요 때문이다. 그만한 가치가 있다고 생각하면 사람은 돈을 지불한다. 액수가 1조 4,000억 원에 이른다고 해도 말이다. 하지만 반대의 경우도 있다. 그것이 자신에게 어떠한 가치를 제공해주지 않는다면 1,000원도 지불하려 하지 않는다. 중요한 것은 고객이 그 물건에 대해서 가치를 느껴야 한다는 것이다.

돈이 많이 드는 사례를 이야기하다보니 왠지 김이 샌다. 여기서 우리 이야기를 한 번 해보자. 요즈음 입시제도는 내가 대학교에 입학하던 1983년과는 완전히 다르다. 아니, 다르나기보다 너무 복잡해서 애들이 받아온 성적으로 어디를 지원해야 할지 도무지 알 수가 없다. 나는 학력고사 세대인데, 모든 과목을 합친 만점이 340점이었다. 각자가 받은 점수대를 보면 지원 가능한 대학과 학과를 어느 정도 알 수 있었다. 지금에 비하면 단순한 입시구조였다. 요즘은 그렇지 않다. 수시와 정시로 나뉘고, 수시도 1차와 2차, 무슨 우선 선발 등 머리가 어지러울 정도다. 게다가 학교와 학과에 따라 언어 · 수리 · 외국어 · 사회탐구 영역을 모두 반영하는 곳이 있는가 하면, 언어·외국어·사회탐구 영역 또는 외국어·사회탐구 영역만 반영하는 곳도 있다. 학교별, 학과별로 과목별 반영 비중이 다르고, 어디는 표준점수로, 어디는 백분율로 평가한다.

이렇게 복잡하니 우리 때 없던 직업이 생겼다. 바로 입시컨설팅이다. 유명한 컨설팅업체는 선착순 인원수를 정해놓고 있어 빨리 신청하지 않으면 마감이 되고 만다. 사람들이 컨설팅을 받는 이유는 너무 복잡한 대학 전형과 혹시 원서를 잘못 넣어 떨어지면 어쩌나 하는 불안감 때문이다. 불과 한 시간도 안 되는 시간에 단지 어디를 지원하면 좋을지 물어보는 대가로 몇 십만 원을 지불하는 것이 말도 안 된다고 생각할 수 있다. 그러나 막상 닥쳐보면 후회될까 싶어 부랴부랴 예약하는 것이 학생이나 학부모의 마음이다.

생존부등식

고객은 지불해야 하는 가격보다 자기가 느끼는 가치가 높다고 생각하면 그 물건을 산다. 현명한 우리의 고객이 기꺼이 대가를 지급하고 내 물건을 구입하게 하려면 지불하는 대가보다 구입함으로써 얻는 제품의 가치가 높다고 느끼게 해야 한다. 우리가 팔고자 하는 물건이 주는 효용은 아주 드문 경우를 제외하면 이미 다른 물건이 주는 효용과 겹친다. 따라서 고객의 입장에서 그 물건을 사는 이유에 대해 생각해야 한다.

여기서 산난한 부등식을 하나 살펴보자. 상품이 보유하고 있는 가치를 'Value'라 하고, 상품에 매겨진 가격을 'Price', 상품의 원가를 'Cost'라 하면, 'Value > Price > Cost'의 부등식이 성립한다. 그리고 이 부등식이 성립할 때 그 사업은 생존할 수 있다.

고객은 가격보다 높은 가치를 구입함으로써 혜택을 느끼게 된다. 반대로 생산자는 공급하는 물건의 원가보다 가격이 높아야 혜택을 느끼게 된다. 간단한 생존부등식에 중요한 요소가 담겨 있다.

사업을 시작하기 전에 물건의 가치를 고객의 입장에서 객관적으로 판단해야 한다. 또한 그 물건을 만드는 데 드는 원가를 최대한 구체적으로 파악해야 한다. 여기서 주의할 점은 직접원가뿐만 아니라 간접원가와 금융비용, 기회비용 등 모든 원가를 포함시켜야 한다는 점이다. 이를 최대한 구체적으로 파악해서 생존부등식이 성립하는지를 살펴야 한다.

물건 가격은 원가보다 높고 가치보다 낮아야 한다. 분유회사의 예가 있다. 2000년 즈음에 분유를 생산하는 모 회사에서 A라는 유아용 제품의 수입판매 타당성을 검토한 적이 있다. 그 제품은 아기가 우는 이유를 울음소리로 판단하는 기기로, 정확도가 90% 이상이었다. 초보엄마들은 아기가 배가 고파 우는지, 기저귀를 갈아달라고 우는지, 잠이 와서 우는지, 어디가 아파서 우는지, 잘 알지 못한다. 말 못하는 아기가 우는 이유를 알려주는 기기는 필히 유용할 것이었다. 제품의 수요에 대해 어느 정도 확신을 가진 그 회사는 회사가 보유하고 있는 초보엄마 데이터베이스(DB)를 활용하여 구입 의향과 기꺼이 지불할 수 있는 가격 수준에 대하여 광범위하게 조사했다. 조사 결과 물건에 대한 효용은 인정하나 물건에 대해 지불할 의향이 있는 가격은 원가보다 낮은 것으로 판명되었다. 그 회사는 제품을 수입하지 않기로 결정하였다.

물건의 가치, 그것도 고객이 느끼는 물건의 가치를 정확하게 판단하기는 매우 어렵다. 그러나 의미 있는 수의 목표 집단에 대한 조사를 통해 고객이 느끼는 물건의 가치를 어느 정도 추정할 수 있다. 위 사례의 회사는 자체 DB를 활용하여 조사하였으나, 자체 DB가 없는 경우에는 리서치회사를 통해 조사할 수도 있다. 외부 전문기관에 의뢰할 사전조사비용이 부족한 경우에는 주위 친지나 지인을 통하여서라도 사전에 가능한 한 최대로 조사해야 한다. 이것이 성공 가능성을 조금이라도 높이는 방법이기 때문이다.

양날의 검, 가격 경쟁력

물건 자체의 효능을 인정한다면 고객이 물건을 사는 가장 간단하고 강력한 이유는 가격에 있다. 동일한 품질의 물건을 기존보다 저렴하게 판다면 그 자체가 강력한 유인책이 된다. 여기서 가장 중요한 것은 동일한 품질이라는 전제인데, 공급자가 주관적으로 파악하는 것에 그쳐서는 안 된다. 고객이 느끼는 품질을 기준으로 판단해야 한다. 여기에는 브랜드나 기존 거래를 통하여 누적된 기존 물건 생산자에 대한 신뢰와 같은, 눈에 보이지 않는 요소가 포함되어 있다. 우리의 고객은 한가하지 않다. 고객이 내 물건에 대해 나처럼 자세히 관심을 갖고 판단하리라는 생각은 버려야 한다.

2000년 즈음에는 IT 관련 제품을 개발하는 벤처기업이 매우 많았다. 하지만 그들 중 많은 기업이 세상에 없는 신제품보다는 기존에 사용되고 있는 제품을 국산화하는 기업이었으며, 그들이 주로 경쟁력으로 내세운 것은 유사한 성능의 수입제품 대비 저렴한 가격이었다. 그러나 단순히 기존 제품보다 저렴하다는 것만으로는 기존 공급자의 반격을 막기 어려운 경우가 많다. 실례로 수입 전자부품을 국산화하여 상당한 매출과 이익을 올렸던 D사의 경우 해외업체가 단가를 반 이상 내려 공급하는 바람에 문을 닫게 되었다. 내 제품이 기존 제품의 공급단가와 비교하여 저렴하다는 것에 안주하면 안 된다. 기존 경쟁업체가 내가 공급할 수 있는 최저 가격보다 싸게 공급할 수 있다면 한순간에 몰락할 수 있다. 단순히 싸기만 한 것은 독이 될 수도 있는 것이다.

누구나 살 것이라는
환상은 버려라

8,000억 원이 넘는 달나라 여행 상품

얼마 전 미국 항공우주국(NASA) 출신 과학자들이 만든 민간업체 골든 스파이크에서 달나라 여행 상품을 공개했다. 꿈에 그리던 달나라 여행을 실현할 수 있는 길이 열린 것이다. 2020년쯤 실제 출시될 것으로 예상되는 그 달나라 여행 티켓은 1인당 7억 5,000만 달러로 우리 돈 약 8,120억 원에 달한다. 이 이야기를 듣고 내가 제일 먼저 한 생각은 '달나라 한 번 갔다 오는 데 그 많은 돈을 쓸 사람이 있을까?'였다. 그런데 우주왕복선을 만들 만큼 똑똑한 사람들이 아무 생각 없이 재미 삼아 우주왕복선을 만들지는 않았을 것이다.

그렇다. 골든 스파이크는 사전 조사를 시행했다. 기본적으로 달 관련 탐사를 추진하는 기업 및 나라가 주요 대상이었다. 시장조사 결과,

15~25개 나라에서 관심을 보였고, 총 15~20회 정도 발사가 이뤄질 것으로 예상했다. 개인이 아니고 정부 차원이나 큰 회사 입장에서 보면 달 탐사에 8,000억 원 정도 투자하는 것은 그리 어려운 일이 아닐 것이다.

아니, 개인도 달나라 여행에 그 정도 돈을 들일 능력이 있는 사람도 많다. 우리가 보기에는 허황된 꿈인데, 현실적 고객이 분명 존재하는 것이다. 2012년 중반 블룸버그통신이 집계한 세계 100대 억만장자 명단에 의하면 세계 최고 갑부는 멕시코의 통신 재벌 카를로스 슬림으로, 순 보유 자산 규모가 752억 달러(한화 약 83조 원)에 이른다. 2위인 미국의 빌 게이츠는 627억 달러(한화 약 72조 원)에 달한다. 카를로스 슬림은 달나라 여행을 약 100번 갔다 올 수 있고, 우리나라의 이건희 삼성전자 회장은 130억 달러(한화 약 14조 원)의 자산으로 열 번 이상은 다녀올 수 있다. 카를로스 슬림이라면 가진 돈의 1% 정도는 달나라 여행에 쓸 수도 있지 않을까?

달나라 여행 상품을 기획하는 사람들도 사업을 시작하기 전에 살 사람이 누가 되고 얼마나 될지를 조사한다. 물론 투자비가 많이 드는 사업이기 때문에 철저한 조사를 거쳤을 것이다. 조사는 사업을 시작하기 전에 꼭 거쳐야 할 과정이다. 그런데 의외로 많은 사람들이 자기 물건은 좋기 때문에 만들기만 하면 누구든지 살 것이라는 근거 없는 확신에 빠진다. 물론 자기가 만드는 물건에 대해 자신감이 없다면 사업을 할 엄두도 못 내겠지만 아무리 좋은 물건이라도 만든 사람과 그 물건을 사용하는 고객의 생각은 다를 수 있으며 고객이 만든 사람과 같이 그 물건의 가치를 느낄 것이라는 환상은 버려야 한다.

하늘 아래 새로운 것은 없다

사업가는 자기의 사업 아이디어가 아무도 생각하지 못한 새로운 것이라고 믿는 경우가 많다. 그런데 그 생각이 과연 나만의 것일까? 지구상 그 많은 사람들 중 누군가는 이미 비슷한 생각을 했거나 하고 있고 실제로 실행에 옮긴 적이 있을 확률이 훨씬 더 높다. 설령 새로운 물건이라 하더라도 고객이 새로운 물건으로부터 얻을 수 있는 가치는 이미 유사한 물건으로부터 얻고 있는 경우가 대부분이다. 하늘 아래 진짜 처음으로 나타난 물건은 거의 없다. 물론 PC, 인터넷, 스마트폰 등 이전에는 존재하지 않던 물건이 나타나서 큰 호응을 얻는 경우도 있다. 내 물건도 그랬으면 좋겠다. 하지만 냉정하자. 내 물건은 정말 새로운 것이라서 누구나 살 수밖에 없다고 생각하지 말자. 냉정해지지 않으면 성공할 수 없다.

아이템은 어떻게 고를까?

1. 달라야 팔린다

· 고객은 그 물건 자체보다 그 물건이 주는 가치를 산다.

· 고객이 내 물건과 다른 사람의 물건을 구별할 수 있게 하는 뭔가 다른 점이 있어야 한다.

· 고객이 제품이나 서비스를 통하여 제공받을 수 있는 가치가 무엇인지를 명확히 알 수 있어야 한다.

2. 과녁이 없으면 활을 쏘지 마라

· 내 물건은 너무 좋기 때문에 만들기만 하면 누구든지 살 것이라고 착각하지 마라.

· 팔고자 하는 물건의 특성과 동원할 수 있는 자금, 조직 등 능력에 맞게 목표고객을 정하라.

· 내 물건을 가장 필요로 하는 고객이 누구인지 구체적으로 파악해야 한다.

· 고객은 보다 전문화되고 특화된 서비스를 원한다.

· 목표고객을 정할 때는 고객층을 최대한 세분화하는 것이 필요하다.

· 세분화도 좋지만 특정 고객을 대상으로 한 새로운 상품의 예상 고객이 수익성을 확보하는 데 부족하거나 다른 상품보다 떨어지는 경우에는 굳이 그 특정 고객층을 대상으로 한 맞춤 상품을 출시할 필요가 없다.

3. 사는 데는 이유가 있다

· 고객이 새로운 물건을 사는 이유가 무엇인지 고객의 입장에서 파악해보라.

· 고객은 지불하는 가격이 그 물건의 가치보다 낮아야 구입한다.

· 내 제품이 기존 제품과 비교하여 저렴하다는 것에 안주하지 마라.

4. 누구나 살 것이라는 환상은 버려라

· 고객이 만든 사람과 같이 그 물건의 가치를 느낄 것이라는 환상은 버려라.

· 자기의 사업 아이디어가 아무도 생각하지 못했던 새로운 것이라고 믿지 마라.

아는 사람이 많다?

　내가 중·고등학교에 다닐 때는 한 반이 보통 60~70명이었고 한 학년은 800명 가까이 되었다. 그러다보니 중·고등학교 동창만 1,600명이 넘고 대학 동기까지 합하면 2,000명가량 된다. 거기다 중·고등학교 선후배를 합하면 학연만으로도 수천 명이 넘고 사회 나와서 만난 사람들을 합하면 그 수가 훨씬 커진다. 또한 이들을 통하여 수많은 인연을 맺었으니 가히 한 다리 건너면 모르는 사람이 없다는 말이 거짓말은 아니다. 그래서 요즘 50세 전후가 된 여러 사람으로부터 누구누구를 잘 아니 그 사람과 관련된 일을 하면 잘될 것이라는 이야기를 전해 듣는다. 그러나 냉정하게 뒤돌아보자. 나는 그 사람을 알지만 그 사람도 과연 나를 알까? 아니, 안다고 해서 그 사람이 내 말에 귀를 기울여줄까? 입장을 바꾸어놓고 생각해보자.

고등학교 졸업하고 한 번도 본 적 없는 동창이 나와 관련된 사항으로 어떤 이야기를 한다면 여러분은 귀담아 들어줄 것인가? 30대 아니 40대 초반만 해도 어느 정도는 들어줄 수 있을 것이다. 그러나 50대 전후가 되면 좀 달라진다. 이제는 내 앞가림하기도 어렵고 친한 사람들 이야기 들어주는 것도 벅차다.

아는 사람과 친한 사람은 다르다. 적어도 1년에 한두 번쯤은 만나고 별일 없이도 편안하게 전화와 안부를 주고받을 수 있는 정도는 되어야 아는 사람이라 할 수 있고, 한 달이라도 연락을 안 하면 서로 궁금해하는 정도는 되어야 친하다고 할 것이다. 텔레비전 오락프로그램 방식으로 한번 매겨보자. 만일 누군가의 부고를 접했을 때, '음. 부모님이 돌아가셨구나.' 하고 그냥 넘어가면 졸업앨범을 뒤져야 알 수 있는 정도의 사람이고, 최소한의 조의금을 보내는 상대라면 아는 사람, 무슨 일이 있어도 빈소를 방문할 정도면 어느 정도 친한 사람, 빈소에서 밤을 새우거나 다음 날 또 가거나 발인까지 참석할 정도면 정말 친한 사람이다.

인맥을 통하여 '무슨 일을 할 수 있다.'라고 이야기하려면 정말 친한 사이거나 어느 정도 친한 사이는 되어야 한다. 이제부터는 그냥 아는 사이 정도 가지고 '내가 누구를 아니까 필요한 것 있으면 나에게 이야기해.'라는 말은 조심하자. 괜히 실없는 사람 같고 정도가 심해지면 허풍쟁이로. 찍힐 수 있다. 더불어 주위에 내 일을 마치 자기 일처럼 생각해주고 고민해주는 친구가 몇이나 있는지 생각하는 시간을 가져보자.

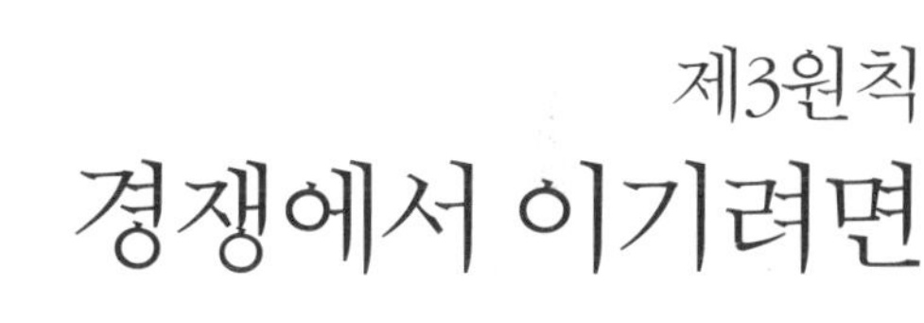

제3원칙
경쟁에서 이기려면

소리장도(笑裏藏刀)

웃음 속에 칼을 품고 있다.
우리는 무한 경쟁 사회에 살고 있다.
티 없이 웃고 싶지만
웃음 속에 성공의 칼을 품을 수밖에 없다.

나는 너를
알고 있다

지피지기 백전불태(知彼知己 百戰不殆)

이 시대 가장 낯익은 단어 중 하나가 경쟁이다. 우리는 끊임없이 경쟁해왔고 우리 아들딸 또한 청춘을 불사르며 경쟁하고 있다. 한때는 대학에 들어가면 고생 끝, 행복 시작인 줄 알았다. 하지만 졸업 후 취직이라는 전투에서 이기려면 학점을 따야 되고 외국어 공부도 해야 하고 심지어는 해외연수를 갔다 오는 등 최대한의 스펙을 쌓아야 한다.

그럼 취직하면 끝인가? 취직은 또 다른 경쟁의 시작일 뿐이다. 열심히 일하며 동료들과도 사이좋게 지내고 싶겠지만, 시간이 지나면 승진이라는 경쟁을 피할 수 없다. 회사라는 조직 구조에서 모두가 모든 단계에서 승진할 수는 없지 않은가. 누군가는 탈락되어야 한다. 그리고 이는 직위가 올라갈수록 심해진다. 많은 동료들 중 극소수만이 승진하게 되는 것이다. 승진이 안 되더라도 회사에 계속 다니고 싶겠지만, 나보다 늦게 들어온 후배들도 살아야 하기 때문에 승진하지 못하면 쫓겨나는 상황에 내몰린다. 더욱 무서운 것은 이러한 사실을 입사하자마자 알게 되는 현실이다. 결국 나중에 닥칠 승진 전투에서 이기기 위해 준비를 할 수밖에 없게 된다.

그래도 지금까지의 경쟁은 나름대로 정해진 룰 안에서 보이는 경쟁자들과의 경쟁이었다. 그런데 사업을 시작하면서 치르게 될 경쟁은 그렇지 않다. 기본적으로 정해진 룰도 없고 누가 경쟁자인지 확실치도 않다. 그러나 이겨야 한다. 이기지 못할 것 같으면 아예 시작도 하지 말아야 할 것이다. 아니면 경쟁자와 같이 살 방법을 찾아야 한다. 그러기 위해서 가장 먼저 해야 할 일은 무엇일까? 바로 우리의 경쟁자가 누구인지 파악하는 것이다. 적을 알고 나를 알면 백 번을 싸워도 위험하지 않다.

치킨집 대 치킨집

보도에 따르면 우리나라 한 해 닭고기 소비량은 약 4억 3,000만 마리다. 이 가운데 40%인 1억 7,000만 마리가 치킨집에서 소비된다. 우리나라 인구를 대략 5,000만 명으로 추산하면 1인당 1년에 약 3.4마리의 치킨을 치킨집에서 사 먹는 셈이다. 그리고 2010년 말 기준 통계청 자료에 따르면 우리나라의 치킨 전문점은 총 2만 7,238개다. 치킨집 하나당 1년에 평균 6,000마리의 치킨을 파는 셈이다.

치킨집을 내고 싶다면 우선 내 점포 주위에 치킨집이 얼마나 있는지 살펴보아야 할 것이다. 내가 새로 점포를 내더라도 기존 치킨집과 다 같이 먹고 살 수 있을 정도라면 해볼 만하겠지만 기존 치킨집이 너무 많아 자기들끼리도 먹고 살기 힘든 상황이라면 굳이 그곳에 끼어들 필요는 없다.

공정거래위원회가 발표한 업종별 모범거래기준을 한번 살펴보자. 공정거래위원회는 2012년에 영세 자영업자를 보호하기 위하여 프랜차이즈 비율이 높은 제과·제빵, 피자, 치킨, 커피 업종에 대한 모범거래기준을 발표하였다. 그 내용 중에 가맹점의 영업지역 침해 문제를 방지하기 위하여 업종별로 일정 거리 내 신규 가맹점 출점을 금지하는 조항이 있다. 업종별로 일정 거리 내에 동일 프랜차이즈 가맹점을 내게 되면 기존 가맹점의 영업지역이 침해된다고 본 것이다. 제빵은 500미터, 피자는 1,500미터, 치킨은 800미터, 커피는 500미터다.

여기엔 두 가지 함의가 있다. 해당 거리 안에서는 동일 업종을 할 수 없다는 것이 첫 번째다. 두 번째는 그 거리 내에 다른 점포가 없다면 해볼 만하다는 이야기도 된다. 그럼 먼저 내가 하려는 업종의 반경을 계산해야 할 것이다. 돈을 셀 때는 정신 차리고 정확하게 셀 것이다. 창업을 준비할 때도 치밀하고 정밀해야 한다.

경쟁은 더 넓다

경쟁업체를 파악할 때 동일 업종만 보는 경우가 있다. 이는 근시안적이다. 내 물건을 대체할 수 있는 동종업종에 대해서도 신경을 써야 한다. 예컨대 치킨집을 준비할 경우 해당 지역의 치킨집뿐만 아니라 피자집도 파악해야 한다. 치킨과 피자는 분명히 다른 물건이다. 하지만 치킨을 배달시켜 먹는 소비자와 피자를 배달시켜 먹는 소비자는 겹칠 가능성이 크다. 내가 가게를 열고자 하는 지역에 유명한 피자집이 있다면 여기도 경쟁업체로 보아야 한다.

음식점도 마찬가지다. 요즘 오피스빌딩이 밀집한 지역에는 그야말로 다양한 음식점이 즐비하다. 그러한 장소에 음식점을 개업하려고 하는 경우에는 내가 제공하려는 음식 종류에 한정해서 경쟁업체를 파악하는 데 그치지 말아야 한다. 현명한 우리의 소비자는 오늘은 한식, 내일은 중식, 모레는 일식, 그다음은 분식 등 골고루 돌아가면서 음식점을 찾지 않는다. 맛있는 집을 찾아갈 뿐이다. 따라서 그 지역에 중국집이 없다고 중국집을 차리면 무조건 될 것이라는 믿음은 곤란하다. 중국집의 경쟁업체는 중국집만이 아니고 그 지역에 있는 모든 음식점이다.

치킨집과 피자집은 특정 지역의 소비자를 대상으로 하는 사업이다. 하지만 사업 중에는 불특정 소비자를 대상으로 하는 사업도 있다. 이때는 더욱 폭넓게 경쟁업체를 파악해야 한다. 요즘과 같이 물류가 발달한 사회에서는 홈쇼핑, 온라인쇼핑 등 다양한 유통채널을 통하여 전국 어디에서 생산되는 물건이라도 손쉽게 소비자에게 전달될 수 있으므로 전국을 대상으로 경쟁업체를 파악해야 한다. 아니, 더 나아가 전자제품 등 많은 물건에 있어서는 국내뿐만 아니라 전 세계를 대상으로 경쟁업체를 파악해야 한다.

사업을 시작하기 전에 경쟁업체를 파악하는 일은 무척 중요하다. 이는 내가 팔려고 하는 물건의 특성과 연결된다. 호랑이가 없는 산에서는 여우가 왕 노릇을 할 수도 있다. 그런데 호랑이가 득실거리는 사파리라면? 적어도 공생할 수 있어야 한다.

보이지 않는 경쟁자

치킨집이나 피자집은 그래도 다행이다. 경쟁업체가 눈에 보이니 말이다. 문제는 보이지 않는 잠재적 경쟁업체다. 새롭게 형성된 아파트 단지를 대상으로 한 치킨집을 예로 들어보자. 1인당 1년에 평균 3.4마리의 치킨을 소비하고, 한 세대당 세대원수가 평균 3.23명인 점을 감안하면 한 세대당 한 달에 한 마리 정도를 치킨집에서 배달시켜 먹는 수준이된다. 물론 치킨을 배달시켜 먹기 어려운 농어촌 등은 조금 다른 양상을보일 것이다. 그러나 이러한 가정으로 볼 때 2,000세대인 단지의 경우월평균 2,000마리의 치킨을 팔 수 있다는 계산이 나온다.

치킨 가격이 프랜차이즈마다 다르지만 마리당 1만 6,000원이라고 가정하면 월 매출이 3,200만 원에 이를 것이다. 얼마나 남을지는 재료비,인건비, 임대료 등을 따져봐야 알겠지만 꽤 쏠쏠할 것 같다. 그러나 장사가 잘된다 싶으면 반드시 경쟁업체가 등장한다. 내가 그 사업을 시작할때 시장규모와 경쟁업체를 파악했듯 나 이후에 그 사업을 시작하는 사람도 시장규모와 경쟁업체를 파악할 것이다. 그 결과, 하나 더 생겨도 충분히 해볼 만하다는 판단이 서면 경쟁업체가 하나 더 생기게 될 것이다.물론 경쟁업체를 극복할 수 있을 만큼 강력한 장점이 있다면 어느 정도시장 지위를 지킬 수 있을 것이다. 그러나 명심해야 한다. 바로 그 새로운 경쟁자도 기존 업체인 나를 이기기 위해 많은 고민을 한다는 것을 말이다.

생각지도 못한 경쟁자

시장규모를 조사했다면 어느 정도 경쟁자를 예측할 수 있을 것이다. 잠재적인 경쟁자를 포함해서 말이다. 그런데 여기가 끝이 아니다. 이보다 더 무서운 것은 경쟁자라고 생각지도 못했던 경쟁자의 등장이다.

일본의 대표적인 게임기회사 닌텐도를 보자. 닌텐도는 2008년에 5,553억 엔(한화 7조 7,700억 원)이 넘는 영업이익을 냈으나, 2011년에는 450억 엔(한화 6,300억 원)의 적자가 날 것이라는 발표를 했다. 누구나 기억하듯 닌텐도는 대단한 기업이었다. 전 세계 어린이가 닌텐도 게임기를 가지고 노는 탓에 나이키 운동화가 닳을 시간이 없을 것이라는 말까지 돌았다. 그래서 나이키의 가장 큰 적이라 불릴 만큼 닌텐도는 독보적인 입지를 자랑했다. 수익도 엄청났다. 2009년의 매출은 1조 4,400억 엔에 영업이익이 5,300억 엔이었다. 이런 경이로운 실적에는 이유가 있었다. 닌텐도는 일부 마니아의 영역으로 분류되던 게임을 가족 모두가 즐기는 것으로 바꾸어놓았다. 남녀노소를 불문하고 쉽게 접근할 수 있게 하였고, 가족이 함께 하는 게임도 내놓았다. 파괴적이거나 선동적이지 않은 게임으로 큰 사랑을 받았다. 그런 기업이 2년 만에 끝 모를 추락을 시작한 것이다. 닌텐도 추락의 원인으로 엔고(高) 등 몇 가지가 지적되는데, 가장 큰 문제는 판매 부진이다.

무슨 이유일까? 새로운 경쟁자가 등장했기 때문이다. 동작을 인식하는 닌텐도 위도 소니나 마이크로소프트(MS)에서 동작 인식 기능을 넣은 게임기를 내놓으면서 독점 시대의 막을 내리게 되었다. 소니나 MS는 게임기라는 점에서 직접적인 경쟁자다. 하지만 더 무서운 것이 기다리고 있었다.

태블릿PC와 스마트폰이라는 새로운 물건이 출현한 것이다. 태블릿 PC와 스마트폰은 소니나 MS처럼 닌텐도가 생산하는 게임기시장을 보고 만들어낸 물건이 아니다. 그럼에도 불구하고 스마트폰은 소비자가 스마트폰만으로도 충분히 재미있는 게임을 즐길 수 있게 만들어주었다. 소비자의 입장에서는 스마트폰이 있으면 군이 게임기를 사기 위해 추가 지출을 할 필요가 없게 되었다. 어느덧 스마트폰이 닌텐도의 강력한 경쟁자가 되어버린 것이다.

또 하나의 예가 필름시장에 있다. 코닥은 1980년대 세계 필름시장 점유율 1위로 후지필름, 아그파와 함께 카메라, 영화촬영, 엑스레이 등 전 세계 필름시장을 삼분하고 있었다. 코닥의 경쟁자는 후지필름과 아그파였다. 그러나 새로운 경쟁자가 등장했다. 바로 필름이 필요 없는 디지털카메라의 등장이다. 결국 경쟁자였던 아그파는 2011년 파산하고, 세계 1위였던 코닥도 2012년 1월 파산보호신청을 하게 된다.

우리가 하고자 하는 사업에는 내가 만드는 물건과 직접적으로 경쟁하는 경쟁자뿐만 아니라 다른 용도지만 결과적으로 우리의 사업에 영향을 주는 경쟁자도 많다. 그렇다고 경쟁이 무서워 사업을 안 할 수는 없다. 끊임없이 어디에선가 나타날 눈에 보이지 않는 경쟁업체에 신경을 쓸 수밖에 없다. 긴장의 끈을 놓을 수 없는 것이 사업이다.

이기는 경쟁

상대는 나의 거울이다

1995년 7월 아마존닷컴이 인터넷서점을 시작할 당시, 강력한 기존 경쟁업체는 미국 최대의 도서 체인점인 반스앤노블이었다. 1873년에 설립되어 120여 년의 역사를 가진 반스앤노블은 미국 전역에 약 1,000여 개의 체인점을 가지고 있었다. 아마존닷컴의 창립자 제프베조스가 반스앤노블을 이기기 위해 내세운 전략은 최대한 많은 서적을, 최대한 저렴하고 편리한 방식으로, 최대한 빠르게 서비스하는 것이었다.

아마존닷컴의 최대 장점은 가격이다. 반스앤노블이 모든 책의 이윤을 30% 수준으로 책정하는 데 비해 아마존닷컴은 오프라인 매장을 운영하는 데 들어가는 비용을 줄여 2%로 책정, 가격 경쟁력을 확보했다.

두 번째 장점은 반스앤노블보다 훨씬 많은 책을 제공하는 것이다. 오프라인 매장은 책을 진열하는 데 한계가 있을 수밖에 없다. 그러나 온라인서점은 공간적 제한을 받지 않는다. 이러한 장점을 활용하여 아마존닷컴은 문을 열 당시 110만 종 이상의 서적을 제공했다. 최대 서점 체인점인 반스앤노블이 그 당시 제공하고 있던 책이 17만 종인 점을 감안하면 가히 엄청난 것이었다.

세 번째 장점은 구매 전 정보 제공이다. 아마존닷컴을 클릭하면 최신 도서목록을 볼 수 있고, 관심 가는 책을 클릭하면 그 책에 대한 요약정보가 제공된다. 뿐만 아니라 구매 경력이 있는 고객이 접속하면 그 고객이 구매했던 책을 근거로 고객의 성향에 맞는 책을 소개해준다. 누구나 읽을 만한 책을 고르기 위해 오프라인 매장을 몇 바퀴나 돌아본 경험이 있을 것이다. 나는 아예 열 권 이상 되는 시리즈를 주로 구입한다. 달랑 한 권을 읽기에는 책을 고르는 데 들어가는 수고가 너무 많기 때문이다.

그렇다면 약점은 없었을까? 만일 누군가가 아마존닷컴을 제프베조스보다 먼저 구상했다면 아이디어를 실제로 사업화시키는 것 자체가 가장 큰 약점이었을 것이다. 말이 그렇지 110만여 종의 서적을 DB화한다는 것이 어디 쉬운 일인가? 그 많은 출판사와의 협의과정에, 일일이 자료를 입력하는 데 들어가는 시간과 인력, 비용은 엄청났을 것이다.

새로운 사업을 시작하는 사람이 안을 수밖에 없는 최대 약점은 바로 자신이 신규업자라는 것이다. 아마존닷컴도 사업을 시작하는 데 들어가는 자금을 구하기가 어려워 실제 사이트를 오픈하지도 못하고 좌절했을 수 있다. 그러나 제프베조스는 해냈다. 자기가 구상한 사이트를 만들기 위해 필요한 자금을 구했고, 1년여 동안의 작업을 통하여 짱짱한 사이트를 오픈했다.

아마존닷컴이 가진 또 하나의 약점은 인터넷거래에 대한 소비자들의 불신이었다. 오프라인에서는 물건이 마음에 들면 돈을 내고 그 자리에서 물건을 받는다. 때문에 돈만 내고 물건을 받지 못하거나 잘못된 물건을 받을 위험이 적다. 물론 지금은 우리나라의 경우 전체 소매 매출의 5.3%에 달하는 16조 원(2011년 기준)이 인터넷상에서 거래되고 있을 정도로 인터넷상거래 시스템이 안정되어 있고 여러 가지 보안장치도 마련되어 있다. 그러나 아마존닷컴이 오픈한 1995년에는 인터넷 강국인 우리나라만 해도 인터넷거래금액이 거의 0%에 달할 정도로 미미했다. 여기에 제프베조스의 전략이 있다. 소비자들의 불안감을 감안하여 설령 떼인다 하더라도 큰 부담이 없고 어디서 사더라도 동일한 품질을 보장받을 수 있는 물건을 선택한 것이다. 그것이 바로 서적이었다.

사업가와 은행원의 차이를 이렇게 설명하기도 한다. 사업가는 성공확률이 51%가 넘으면 그 일을 시작하지만 은행원은 실패확률이 1%가 넘으면 돈을 빌려주지 않는다. 세상에 처음부터 100% 성공하는 사업이 있을 리 만무하다. 사업은 확률을 높이는 것이다. 경쟁업체를 파악하고 강점과 약점을 분석하고 대응책을 마련하는 것도 성공확률을 조금이라도 높이기 위함이다. 1%의 실패확률도 용납하지 않는다면 사업 자체를 시작하기 힘들 것이다. 하지만 허황한 생각으로 사업 자체를 망치는 일보다는 낫다. 상대의 강점을 높이 사고 자신의 강점은 낮게 보자. 그럼 성공확률은 더 높아질 것이다.

위기에 기회가 있다

절장보단(絶長補短)이라는 말이 있다. 《맹자》 등문공 편에 나오는 말로 긴 것을 잘라 짧은 것을 보완한다는 뜻이다. 자신의 강점으로 단점을 보완하자. 강점만을 가지고 있는 사람은 없다. 누구에게나 약점은 있다. 중요한 것은 그것을 어떻게 극복하느냐 하는 것이다.

얼마 전 친구가 하는 안과에 다녀왔다. 6개월에 한 번씩 정기검진을 하는 게 좋다고 해서 특별히 아프지 않더라도 가고 있다. 그 안과가 입주한 빌딩은 1층의 은행과 3층의 약국 일부를 제외하고는 10층까지 전 층에 병원이 입주해 있는 메디컬센터다. 내과, 이비인후과, 소아과, 피부과, 안과, 치과 등 의원과 한의원이 입주하고 있어 마치 종합병원처럼 그 건물에서 모든 과의 진료를 받을 수 있다. 하나하나 떨어져 있었다면 종합병원과 같은 원스톱 서비스가 불가능했을 것이다. 그러나 개개의 병원들이 뭉쳐 훌륭히 약점을 보완했다.

강·약점 분석과 관련하여 도움이 되는 것으로 SWOT 분석이라는 것이 있다. 기업의 내부와 외부 환경을 분석하여 전략을 찾는 것이다. 내부 환경을 분석하면 강점(Strength)과 약점(Weakness)이 도출된다. 그리고 외부 환경을 분석하여 기회(Opportunity)와 위협(Threat) 요인을 찾아낸다. 이를 토대로 강점은 살리고 약점은 죽이고, 기회는 활용하고 위협은 억제하는 전략을 수립하는 것이다.

SWOT 분석을 통해 경쟁기업과 비교하여 소비자로부터 강점과 약점으로 인식되는 것이 무엇인지를 파악하고, 강점을 강화하고 약점을 죽이는 방법을 찾을 수 있다. 만일 경쟁업체 대비 강점이 경쟁업체 대비 약점을 극복할 수 없거나, 드러난 약점을 보완할 수 없어 이길 수 없다는 판단이 서면 적어도 해결책이 준비될 때까지는 아예 시작하지 않는 것이 좋다.

킬러콘텐츠(Killer Contents)를 장착하라

소비자들이 내 물건을 찾을 수밖에 없는 강력한 무기를 쥐고 있다면 얼마나 좋을까? 서울 종로구 동묘앞역에서 조금 걸어 내려가면 창신시장이 나오는데, 거기에 매운 족발을 파는 가게가 있다. 정말 무지하게 매운데 자꾸 손이 간다. 그 맛을 못 잊어 찾는 사람이 많다보니 조금 늦게 가면 자리가 없어 한참을 기다려야 한다. 그런데 그 집 바로 옆과 앞에도 매운 족발집이 몇 군데 더 있다. 언뜻 보기에는 똑같다. 거기에는 빈 자리가 있는데도 사람들은 유독 한 집에서만 줄을 선다. 같은 종류의 물건을 취급하더라도 잘되는 집이 있고 잘 안 되는 집이 있는 것이다. 우리의 소비자는 현명하다. 그러한 소비자를 우리 집으로 오게 만들기 위해서는 남보다 나은 뭔가를 갖추어야 하지 않겠는가? 그것이 킬러콘텐츠다.

킬러콘텐츠와 관련하여 나의 복덕방 경험을 소개한다. 나는 1999년 공인중개사 시험에 합격해서 도곡동 모 오피스텔 23층에 공인중개사 사무소를 정식으로 개업했다. 알다시피 공인중개사 사무소는 정말 많다. 아파트 상가에 빼곡히 자리 잡고 있는 공인중개사 사무소를 볼 때마다 '저분들 모두 먹고 살 수 있을까.'라는 생각이 들 정도다.

그런 와중에 공인중개사 사무실을 차렸다. 그것도 아파트 단지 내 상가도 아니고 오피스텔 23층에 말이다. 그래도 될 것이라는 생각을 가지게 된 이유는 무엇일까? 물론 기본적으로는 법학을 전공했고 은행 업무를 통해 나름대로 부동산 관련 지식을 많이 쌓았고 경제에 대한 지식도 많으니 그런대로 경쟁력이 있다고 판단했을 수도 있다. 그러나 그런 것들은 핵심적인 경쟁 요소가 아니었다.

내가 자신 있게 공인중개사 사무소를 개업할 수 있었던 최대의 경쟁력은 1,200여 명에 달하는 한국장기신용은행 선후배와 동료 임직원들이었다. 부동산 중개업에 있어서 무엇보다 중요한 것은 부동산 거래 시 믿고 맡겨주는 고객을 얼마나 확보하고 있는가 하는 것이다. 경쟁은 어디에나 존재한다. 그러나 경쟁에서 이길 수 있는 핵심역량을 가지고 있다면 굳이 경쟁을 두려워할 필요가 없다.

공생으로 가는 길

경쟁에서 도저히 이길 방법이 없으면 어떻게 할까? 아직 시작하지 않았다면, 안 하면 된다. 그런데 이미 사업을 시작한 후에 강력한 경쟁자가 등장하여 버티기 힘들다면 어떻게 해야 할까? 혹시 같이 사는 방법은 없는지 찾아봐야 할 것이다.

서울 양재역 근처에 영동족발이라는 족발 골목이 있다. 처음에는 영동족발이라는 상호 외에 다른 음식을 파는 음식점들이 몇 개 있었다. 그런데 영동족발이 유명해지다보니 다른 음식점 손님이 줄어든 모양이다. 다른 음식점 입장에서 보면 강력한 경쟁업체를 만난 것이다. 지금은 어떻게 되었을까? 영동족발 본점, 1호점, 2호점, 3호점, 4호점 등으로 메뉴가 같은 가게로 바뀌어 있다. 그런데 족발을 만드는 곳은 한 군데다. 주문을 하면 만드는 곳에서 가져다주고 다른 가게들은 자리만 제공하면서 기타 주류 등을 파는 구조인 것이다. 어차피 대부분의 손님이 찾는 것은 족발이다. 다른 음식이 팔리지 않는 상황에서 대안을 마련해야 했을 것이다. 그 방법이 족발을 만드는 곳에서 받아다가 팔기만 하는 것이다.

원래부터 만들어 파는 본점은 어차피 자리가 없어 못 판다. 그러니 못 파는 것보다는 덜 남더라도 다른 가게를 통해 더 파는 것이 좋다. 받아다 파는 가게 입장에서도 안 팔리는 메뉴를 고집하기보다 덜 남더라도 자리를 꽉꽉 채울 정도로 많이 파는 것이 좋은 것이다. 경쟁에서 지더라도 살아남는 길이 있다.

경쟁에서 이기려면

1. 나는 너를 알고 있다

· 사업 경쟁에서 이기기 위해서는 경쟁자가 누구인지 파악하여야 한다.

· 일차적으로 목표 시장 내에 같은 사업을 하는 경쟁자를 파악하라.

· 경쟁업체 파악 시 동일 업종뿐만 아니라 내 물건을 대체할 수 있는 동종업종에도 신경을 써야 한다.

· 장사가 잘된다 싶으면 반드시 경쟁업체가 등장하게 된다는 점을 기억하라.

· 스마트폰이 게임기시장에 영향을 주듯 내가 만드는 물건과 전혀 다른 용도지만 결과적으로 우리 사업에 영향을 주는 경쟁자도 있음을 기억하라.

2. 이기는 경쟁

· 경쟁업체와 나의 강점과 약점을 파악하라.

· 강 · 약점 파악 시 상대방의 강점은 높이 사고 나의 강점은 한 번 더 되돌아보는 것이 필요하다.

· 경쟁업체 대비 강점은 강화하고 약점은 보완할 방안을 강구하라.

· 만일 경쟁업체 대비 강점이 경쟁업체 대비 약점을 극복할 수 없거나 드러난 약점을 보완할 수 없어 이길 수 없다는 판단이 서면 적어도 해결책이 준비될 때까지는 아예 시작하지 마라.

· 경쟁에서 이길 수 있는 킬러콘텐츠를 장착하라.

· 강력한 경쟁자가 등장하여 버티기 힘들다면 혹시 같이 사는 방법은 없는지 찾아보라.

있을 때 잘하자

오늘 아침 신문을 보니 대형마트 사장의 인터뷰 기사가 실렸다. 대형마트는 납품업체에게 이른바 절대 갑(甲)이다. 그런데 절대 갑에 해당하는 대형마트의 모든 사무 공간에 '우리는 항상 을(乙)입니다!'라는 포스터를 붙이도록 했다는 것이다. 상담실에서 혼자 상대방을 기다리는 사람은 예외 없이 대형마트 직원이 아니라 협력(납품)업체 직원인 것을 알고 그런 포스터를 붙이게 되었다고 한다.

그 기사는 회사 전체에 대한 메시지이지만 이게 바로 우리 개개인에게 필요한 말이다. 인간은 평등하다지만 사회생활에서 맺게 되는 관계는 사실 그렇지 않다. 상대적으로 힘이 센 갑과 약한 을로 나누어지는 경우가 많다. 누구나 부탁을 하는 을보다는 부탁을 들어줄 갑의 입장에서 생활하고 싶을 것이다. 그러나 영원한 갑은 없다.

나는 은행에 다닐 때, 1990년대 초반에는 지점에서 기업대출을 담당하였고 본점에 들어갔다가 1990년대 중반에 지점으로 나와 다시 기업대출을 담당하였다. 1990년대 초반에는 적어도 대출 문제에 있어서 은행이 갑이었다. 내로라하는 대기업들도 필요한 자금의 상당 부분을 은행대출에 의존하고 있던 때라 몰려드는 대출 신청에 대해 검토만 잘하면 되었다. 그런데 불과 5년 정도 지나 지점에 다시 나오니 세상이 바뀌었다. 물론 은행에서 대출하기가 확실치 않은 기업들에 대하여는 아직도 갑의 지위를 잃지 않았으나 우량기업들은 이제 을이 아니라 갑이 되어 있었다. 은행 수익을 위해서는 우량기업에 대출을 많이 해야 하는데, 그러기 위해 하루 종일 우량기업을 방문하여 '저희 은행 대출 좀 써주세요.' 하고 부탁하는 을이 되어버린 것이다. 그래도 이건 약과다. 내가 속해 있는 조직 전체의 지위가 갑에서 을로 바뀌었으니 이건 어쩔 것인가.

문제는 개인으로서의 나의 지위가 설사 지금은 갑이더라도 영원하지가 않다는 것이다. 나는 광고영업을 하거나 컨설팅을 하면서 갑에 속하는 사람들을 많이 만났다. 그중 대부분은 개인이 잘나서가 아니고 자기가 속해 있는 조직이 갑인 경우였다. 영원히 그 조직에 몸담을 수 있다면 문제가 없지만 언젠가는 그 조직을 그만두게 될 것이고 조직의 힘으로 누려왔던 갑의 지위는 한순간에 없어질 것이다. 그런데 사람은 자기가 보고 싶어 하고 원하는 방향으로만 생각하는 경향이 있어서 갑에 속하는 사람들은 대부분 자기가 영원히 갑일 것처럼 행동한다. 아무것도 아닌 것으로 을인 사람을 괴롭히고, 별것 아닌 작은 권력을 행사하며 희

열을 느낀다. 물론 갑으로 있는 동안에는 을에 속한 사람들도 갑이 시키는 대로 한다. 그러나 을의 가슴에는 갑이 느끼지 못하는 한이 쌓여간다. 겉으로는 고마워하지만 속으로는 욕을 한다. 이런 갑이 갑인 조직을 그만두게 되면 어떤 결과가 나타날까? 이제는 아무도 예전 갑의 말을 듣지 않는다. 아니, 경멸한다.

지금도 가끔 알량한 권세를 부리는 불편한 갑에 대한 이야기를 접한다. 그래서 주위의 친한 갑들에게는 꼭 이런 말을 한다. 갑일 때 잘하라고. 그래야 나중에 후회하지 않는다고. 그렇다고 안 되는 것을 되게 해주라는 말은 아니다. 이왕 되는 거라면 보다 빨리 더 편하게 해주고, 안 될 경우에도 상대방을 인간적으로, 진심으로 대해주라는 것이다. 갑도 을도 똑같은 사람이다.

어떻게 팔까?

이곡동공(異曲同工)

곡은 달라도 절묘함은 같다.

목표를 향해 가는 방법은 하나가 아니다.

하지만 모두 목표를 향해 간다.

파는 방법은 달라도 우리의 목표는 돈을 버는 것이다.

내가 팔까,
남에게 맡길까

서 말의 구슬을 꿰어보자

우리는 돈을 벌기 위해 물건을 만든다. 물건이 팔리면 돈을 번다. 그러니 아무리 좋은 물건을 만들었어도 팔지 못하면 꽝이다. 이것이 자명한 이치다. 그런데 새로 사업을 시작하려는 사람들 중에는 의외로 판로에 대한 고민을 구체적으로 하지 않는 경우가 많다. 그저 대리점을 모집해서 팔겠다거나 누구에게 판매를 맡기겠다고 생각해두는 정도다. 심지어는 어떻게 팔 것인가를 묻는 사람에게 오히려 별걱정을 다 한다는 표정을 보일 때도 있다.

파는 방법을 생각하지 않으면 팔리지 않는다. 내가 직접 팔 것인지 아니면 다른 사람이나 조직을 통해 팔 것인지, 어떤 채널을 통해 팔 것인지를 구체적으로 검토해야 한다. 물건이 아무리 좋으면 뭐하나? 구슬이

서 말이라도 꿰어야 보배다.

물건을 파는 가장 단순한 방법은 오너인 생산자가 소비자에게 직접 물건을 파는 것이다. 새벽시장이나 5일장 또는 등산로 옆에서 직접 채취한 채소 등을 팔거나 특정 지역에 음식점을 차려 놓고 직접 음식을 만들어 파는 단순한 구조를 생각하면 된다. 이러한 판매 방식은 별도의 유통조직을 두거나 외부 유통조직을 활용하지 않아 별도의 유통비용이 들지 않는다. 때문에 개당 이익률이 상대적으로 높다. 그러나 어느 정도 이상의 대량판매에는 한계가 있다.

그다음 방법은 회사 내에 별도의 영업조직을 두거나 판매지역을 넓히기 위한 직영점을 두는 것이다. 영업인력과 직영점이 많으면 그만큼 매출이 늘어날 가능성이 크다. 그러나 영업인력과 직영점을 운영하는 데 드는 비용을 모두 감당하여야 하는 리스크가 있다. 만일 50명의 영업인력을 두었는데 생산비는커녕 영업인력 유지비도 충당하지 못할 만큼 매출액이 적다면 회사의 생존이 위태로울 것이다. 따라서 계획 없이 처음부터 내부영업조직을 크게 가지고 가거나 직영점을 많이 여는 것보다는 매출액 추이를 잘 따져보고 그에 맞는 영업조직을 갖추는 것이 필요하다. 또한 사업 초기의 안정적인 매출액 확보를 위해 이익을 적게 가져가는 방법도 있다. 일정 지역이나 일정 매출처를 대상으로 하는 영업권을 어느 정도 이익이 남는 선에서 타 사업자에게 독점적으로 부여하고 그 대가를 받는 방법이다.

한편, 내부영업조직 운영비용으로 인한 리스크를 줄이기 위해 활용할 수 있는 것이 외부영업조직이다. 외부영업조직은 대리점, 총판의 형태를 띌 수도 있고 아예 회사는 생산만 하고 판매는 외부조직에 전담시키는 방법도 있다. 하지만 외부영업조직도 하나의 사업자다. 판매계획 수립 시 막연하게 대리점을 모집하여 팔겠다거나 외부조직에 판매를 맡기겠다고 해서는 안 된다. 대리점이나 판매조직의 입장에서 그들도 충분히 먹고 살 수 있을지 따져보아야 한다.

물건의 특성

어떻게 팔까? 막연하게 느껴질 수 있다. 그러나 해답은 의외로 가까운 곳에 있다. 내 물건의 특성이 바로 파는 방법에 있어 중요한 요소가 되기 때문이다. 농수산물은 신선도가 중요하다. 나는 어릴 때 생선이라고는 자반고등어와 말린 갈치밖에 모르고 자랐다. 강원도 원주에서 자랐는데 그 당시에는 신선한 생선을 내륙지방인 원주에까지 가져와서 파는 것이 여의치 않았던 모양이다. 요즘이야 보관기술과 운송기술이 발달되어 원주에서도 신선한 해산물을 마음껏 맛볼 수 있다. 그래도 농수산물은 유효기간이 짧다는 점을 고려해야 한다.

농수산물과 달리 공산품은 유효기간이 길어 상대적으로 장기간 보관 내지 진열하는 것이 가능하다. 농수산물보다는 다양한 유통방법을 모색해볼 수 있을 것이다. 만일 내 물건이 골동품이나 그림 같은 예술품이라면 일반적인 유통망보다 그런 물건을 전문적으로 다루는 유통망을 찾아야 할 것이다.

고객의 특성

결국 물건을 사는 사람은 고객이다. 고객의 입맛에 맞추지 못하면 팔리지 않는다. 여러분의 물건을 사줄 고객은 어떤 사람인가? 만일 동네 장사와 같이 필요한 사람들이 찾아와 알아서 사는 구조라면 크게 고민할 필요가 없다. 그저 좋은 물건을 착한 가격으로 기분 좋게 사갈 수 있도록 하면 된다. 그런데 만일 전국에 거주하는 불특정 다수의 소비자를 상대로 물건을 팔아야 한다면 어떨까? 어떻게 팔아야 할까? 자체적으로 별도의 영업조직이나 직영점, 대리점을 두거나 외부영업조직을 활용하는 등 내 고객의 특성에 맞는 가장 효율적인 방법을 찾아야 한다.

기업고객은 어떠한가? 내 물건을 사줄 고객이 기업이라면 일반 소비자와는 다른 방법을 생각해야 한다. 기업이나 일반 소비자나 필요한 물건을 산다는 점에서는 다를 바 없지만 기업고객은 각 기업마다 독특한 구매구조를 가지고 있다. 따라서 기업고객을 상대로 물건을 팔기 위해서는 개별 기업의 구매구조를 파악해서 해당 기업에 맞는 판매 방법을 택해야 한다.

우리 회사는 아파트 엘리베이터 내에 모니터를 설치하고 동영상광고를 유치하는 사업을 하고 있다. 우리 회사의 고객은 광고를 하려는 기업들이다. 기업을 상대로 광고를 팔려면 해당 기업의 광고담당자를 대상으로 영업을 하게 된다. 그런데 광고를 많이 하는 기업들은 대부분 광고업무를 대행하는 대행사를 두고 있다. 삼성그룹의 제일기획이나 현대자동차그룹의 이노션, 엘지그룹의 엘지애드, 롯데그룹의 대홍기획 등이 대표적이다. 대행사를 두고 있는 광고주를 대상으로 광고영업을 하는 경우에는 대행사도 빠뜨리지 말아야 한다. 대행사는 단순히 광고주가 지정해준 매체에 광고를 집행하는 역할만 하지 않는다. 광고주에게 매체에 대한 평가의견을 냄으로써 광고주의 의사결정에 영향을 줄 뿐만 아니라 나아가 해당 광고를 집행하기에 적합한 광고매체를 광고주에게 적극적으로 제안하기도 한다. 광고영업을 잘하려면 대행사도 잘 설득해야 하는 것이다.

덜 벌면 위험이 준다

외부영업조직을 활용하는 첫 번째 이유는 내부영업조직 운영비용으로 인한 리스크를 줄이기 위해서다. 그러나 매출액 증대를 위하여 외부영업조직을 활용할 필요도 있다. 스스로 새로운 영업조직을 만들고 교육시켜 실제 영업에 투입하기까지 걸리는 시간과 비용은 만만치 않다. 비록 상당한 판매수수료를 지급해야 하지만 기존 유통망을 가지고 있고 오랜 거래로 최종 소비자에게 신뢰를 받고 있는 유통망을 활용하는 것이 직접 파는 것보다 많이 팔 수 있고 전체적인 이익도 더 클 수 있다.

코스닥에 상장된 바이오업체 M사는 줄기세포 치료제인 무릎연골결손치료제를 개발해 2012년 초 식품의약품안전청으로부터 품목허가를 취득했다. 제대혈보관이 주 사업이었던 M사는 줄기세포 관련 연구에 강점이 있었지만 의약품 유통조직은 갖추고 있지 않았다. 그럼 M사는 어떻게 했을까? 국내 굴지의 제약회사인 D사에 판매권을 부여했다. 자기는 자기가 잘하는 사업에 집중하고, 판매는 이미 시장에서 유통망을 갖춘 D사에 맡기는 것이 유리하다고 판단한 것이다.

또 다른 사례로 제주 삼다수를 들 수 있다. 제주개발공사는 2007년부터 제주도를 제외한 삼다수의 국내 판매권을 N사에 부여했다. 물론 현재는 다른 양상을 보이고 있다. 2012년부터 대형할인점과 편의점 등과는 공사가 직거래를 하고 일반 도·소매점 판매는 전문유통업체에 맡기기로 한 것이다. 전국에 산재해 있는 일반 도·소매점에는 직접 팔기보다 유통망을 보유한 전문유통업체에 맡기는 것이 더 효율적이라고 판단한 것이다.

뻥쟁이는 실천하지 않는다

외부영업조직을 활용할 때 특히 조심해야 할 사항이 있다. 세상에는 별의별 사람이 다 있다. 빨리 많이 팔아야겠다는 마음에 나 대신 팔아줄 사람을 찾다보면 마치 기다렸다는 듯이 판매는 걱정 말고 무조건 물건만 만들라는 사람들이 나타난다. 게다가 그들이 내세운 경력이나 말을 들어보면 정말 만들기만 하면 다 팔아줄 것 같은 생각이 든다. 신이 난다. 금방이라도 돈을 팍팍 벌 것 같아서 기분 좋고, 내 물건이 영업전문가에게 인정받은 것 같아서 정말 좋다.

문제는 결과다. 그들이 말한 대로 물건을 만들고, 초기 영업에 필요하다고 해서 차량과 사무실은 물론 영업비용까지 지급했지만 몇 달이 지나도 판매실적은 없거나 미미하다. 어떻게 된 거냐고 재촉하면 조금만 더, 조금만 더 기다리라고 한다. 그리고 한참이 지나서야 안 팔린다고, 그만두겠다고 한다. 그들은 무책임하다. 나가면 그만이다. 나에게 남은 것이라고는 팔지 못한 재고뿐이고, 없어진 것은 그들에게 들어간 돈과 그들을 믿고 기다린 시간이다. 무엇보다도 실망감이 가장 크다.

분명히 나보다 잘 파는 외부영업조직에게 판매를 맡기는 것은 충분히 고려할 만하다. 그러나 상대를 잘 골라야 한다. 그저 그들이 내민 명함이나 경력을 신봉하지 말고 실제로 성실하게 팔아줄 사람들인지, 정말 팔아줄 능력이 있는 사람들인지 검증해봐야 한다. 아니, 더 나아가 판매권을 주는 대신 못 팔 경우를 대비해 보증금을 내도록 하거나 최소 물량을 미리 자기들 돈으로 사가게 하는 등의 안전장치를 만들어야 한다. 못 팔면 자기들도 적지 않은 손해를 볼 수 있는 구조를 만들어야 하는 것이다. 그래야 별생각 없이 무책임하게 다 팔아준다는 말을 함부로 하지 못한다. 정말 다 팔 수 있는 사람이라면 그 정도의 리스크는 자기도 지는 것이 당연하다.

그곳에 가면 물건이 있다

소비자들이 가는 곳

　나는 일요일 점심으로 자주 라면을 먹는다. 어릴 때 좋아하던 음식이라 일주일에 한 번은 찾게 된다. 요즘 라면은 그 종류가 많아 이것저것 골라먹는 재미도 있다. 우리나라 사람들은 라면을 얼마나 먹을까? 한 통계에 의하면 2010년 한 해에 일반 소매점을 통하여 팔린 라면은 약 20억 개다. 우리나라 인구를 5,000만 명이라고 하면 일반 소매점 판매분만 해도 1년에 1인당 평균 40개의 라면을 먹는 것이다. 이렇게 많이 먹는 라면을 어디서 사는가? 라면은 동네슈퍼에도 있고 편의점에도 있고 대형마트에도 있고 인터넷쇼핑몰에도 있다. 사다가 끓여 먹을 수도 있고 분식점이나 구내식당, 휴게소 등에서 사 먹을 수도 있다. 그렇지만 다양한 물건을 판매하는 텔레비전 홈쇼핑에서는 보지 못했다. 과연 소비자

소매업태별 판매액 추이

(단위 : 조 원)

소매업태별 판매액	1995	2005	2006	2007	2008	2009	2010	2011
합계	103	203	214	227	242	252	276	299
백화점	11	17	18	19	20	22	24	27
대형마트	1	24	26	28	30	31	34	37
슈퍼마켓	13	19	19	20	22	22	24	25
편의점	1	4	4	5	6	6	7	9
전문 상품 소매점	79	122	127	134	141	143	156	167
무점포 판매	–	18	20	21	24	27	31	34
사이버 쇼핑	–	5	7	9	10	12	15	16
기타 무점포 판매	–	13	12	12	14	15	16	18
홈쇼핑	–	–	–	–	5	6	8	9

소매업태별 판매 비중 추이

(단위 : %)

소매업태별 판매비중	1995	2005	2006	2007	2008	2009	2010	2011
합계	100.0	100.0	100.0	100.0	100.0	100.0	100.0	100.0
백화점	10.6	8.6	8.6	8.4	8.2	8.7	8.8	9.0
대형마트	0.7	11.7	12.0	12.5	12.4	12.4	12.2	12.3
슈퍼마켓	12.3	9.2	9.0	8.6	8.9	8.9	8.6	8.5
편의점	0.8	1.9	2.0	2.1	2.3	2.5	2.7	2.9
전문 상품 소매점	76.7	59.9	59.1	59.0	58.3	56.8	56.4	55.8
무점포 판매	0.0	8.7	9.2	9.4	9.9	10.7	11.3	11.5
사이버 쇼핑	0.0	2.6	3.4	3.9	4.3	4.9	5.3	5.3
기타 무점포 판매	0.0	6.2	5.8	5.5	5.6	5.9	6.0	6.2
홈쇼핑	0.0	0.0	0.0	0.0	2.1	2.4	2.7	3.1

들은 여러분의 물건을 어디에서 살 것인가?

통계청의 소매업태별 판매액 추이를 보면 우리나라 소비자들이 주로 어디에서 물건을 사는지 알 수 있다. 2011년 우리나라 소매업 매출은 총 299조 원으로, 이중 재래시장과 테마상가, 가로변 개인사업자 등 전문 소매점의 매출이 167조 원으로 55.8%를 차지하고 있다. 대형마트, 무점 포 판매, 백화점, 슈퍼마켓, 편의점이 그 뒤를 잇고 있다. 여기에서 주목 할 점은 1995년에는 미미했던 대형마트 비중이 무려 12.3%로 증가하였 다는 점과 사이버쇼핑, 홈쇼핑 등 무점포 판매가 11.5%로 증가하였다는 점이다. 특히 홈쇼핑은 단지 몇 개의 텔레비전 채널만으로 연간 9조 원을 판매하는 업태로 자리 잡아 중요한 판매경로가 되었다. 반면 기존 중산층의 기반이 되었던 20만여 개의 재래시장, 테마상가, 가로변 개인사업자 등 전통 소매점 매출 비중은 1995년 76.7%에서 2011년 55.8%로 대폭 감소했다.

애니팡과 카카오톡의 만남

한때 지하철을 타면 많은 사람들이 스마트폰으로 '애니팡'이라는 모바일게임을 했다. 내 스마트폰에도 하루 몇 번씩 애니팡으로 초대하는 메시지가 왔다. 도대체 무엇인지 궁금해서 보낸 친구에게 전화를 걸어 물어보니 하트가 없어서 초대 메시지를 보냈다고 한다. 이건 또 뭔 소리인가? 하트는 애니팡 1회 사용권인데, 하트가 떨어지면 8분이 지나야 다시 게임을 할 수 있단다. 8분이 지나기 전에 게임이 하고 싶으면 다른 사람을 초대해 하트를 하나 획득해야 한다고 했다. '나 참, 어처구니가 없어서…….' 그래도 오죽 하고 싶으면 그러겠느냐 하고 말았다. 더 이상 하트를 구할 방법이 없으면 어떠하느냐고 물었더니, 토파즈리는 이이템을 산다고 했다. 가격은 열 개당 1,100원이고, 부가세를 제외하면 1,000원. 토파즈 한 개는 1회 게임 사용권인 하트 다섯 개와 교환할 수 있으니 1,100원을 내면 하트 50개가 생기는 것이다. 그렇게 따지면 1분 게임하는 데 22원이 드는 셈이다. 그리들 많이 하는 걸 보니 재미있는 모양이다. '까짓 22원 정도야.' 하고 생각하니 말이다.

애니팡이라는 게임이 갑자기 나타난 것은 아니다. 사실 카카오톡에서 서비스되기 이전에 컴퓨터에서 서비스되고 있었지만 큰 재미를 못 보고 있었다. 그런데 스마트폰이 보편화되고 무료 문자 서비스로 약 3천만 명이 넘는 잠재고객을 확보하고 있는 카카오톡과 만나게 되면서 활짝 피어나게 된 것이다. 애니팡이 성공하게 된 데는 많은 이유가 있을 것이다. 그러나 분명한 것은 애니팡을 만든 회사가 토파즈라는 아이템 판매로만 월 100억 원에 가까운 매출을 올리게 된 것은 카카오톡과의 만남 이후의 일이다.

애니팡과 카카오톡의 만남은 우리에게 중요한 시사점을 준다. 바로 내 물건을 살 고객들이 모여 있거나 자주 찾는 장소를 활용해야 한다는 것이다. 자전거 액세서리를 팔려면 자전거 판매 체인점을 통하고, 아웃도어 관련 상품을 팔려면 아웃도어 판매 체인점을 두드려보는 것이 방법이다.

동네 가게, 그 한계를 넘어서

텔레비전을 틀면 어김없이 고장의 특산물을 파는 음식점이나 가게를 소개한다. 예전 같으면 그저 군침을 삼킬 수밖에 없었다. 아무리 유명한 집이라도 거기에 가야만 그 물건을 살 수 있는 것이 일반적이었기 때문이다. 그런데 동네 가게라는 지역적 한계를 넘을 수 있는 계기가 생겼다. 바로 인터넷과 택배다. 이제 소비자는 집에 앉아서 인터넷을 통해 원하는 특산물을 조회하고 전화를 걸거나 인터넷을 통해 원하는 수량만큼 물건을 산다. 심지어는 대형마트들도 인터넷 전문 업체에 대응하여 집에서 장을 볼 수 있는 시스템을 갖추고 있다.

얼마 전 텔레비전에 나온 곶감 생산 농민이나 새우젓을 파는 가게도 전국 각지에서 주문을 받아 전문택배업체를 통해 집까지 배송해준다. 편리한 인터넷과 저렴한 택배시스템으로 인해 전국 어디에나 물건을 팔 수 있게 된 것이다. 동네 가게라고 하소연하며 스스로 한계를 지을 필요는 없다. 훌륭한 콘텐츠만 가지고 있다면 동네를 뛰어넘어 전국에 내 물건을 팔 수 있다.

오프라인 대량판매 루트를 개척하라

우리 사무실 근처에 원두커피를 직접 내려서 파는 편의점이 있다. 가격도 착하다. 1,000원짜리 한 장이면 된다. 원두를 파는 회사에서 사람들이 많이 이용하는 편의점을 뚫은 것이다. 편의점 본사와의 계약에 의해 원두 판매회사는 커피 내리는 기계를 각 편의점에 무상으로 설치해준다. 대신에 편의점은 일정량 이상의 원두를 사준다. 물론 원두 판매회사는 편의점 판로를 확보하기 위해 갖은 고생을 했을 것이다. 그리고 그 결과 수천 개의 판매망을 확보한 것이다.

우리 물건도 대형마드나 편의점 등에서 팔 수 있다면 얼미니 좋을끼? 앞의 표에서 보았듯 대형마트의 소매업 판매 비중은 12.3%로 그 판매액이 연간 37조 원에 달한다. 그리고 2012년 10월 말 5대 편의점 매장 수는 CU가 7,747개, GS25 6,958개, 세븐일레븐 5,820개, 바이더웨이 1,296개, 미니스톱 1,866개다. 편의점에 입점만 하면 이미 전국적으로 구축된 수천 개의 판매망을 확보하게 되는 것이다.

대형마트나 편의점은 업종이나 소비자와 상관없이 거의 모든 물건을 거의 모든 소비자에게 파는 업체다. 하지만 업종별, 대상 소비자별로 전문화된 업체도 있다. 이런 경우에는 또 다른 판로를 모색할 수 있다. 내가 만든 물건이 유아용품이면 유아용품 전문유통업체를 통해서, 일반소비재라면 대형마트 등 일반 유통업체를 통해 단숨에 판매망을 확보할 수 있다.

대량유통 판매망에 내 물건을 입점시킨다는 것은 쉽지 않은 일이다. 강력한 판매망을 확보하고자 하는 공급자들은 많은데 공간의 제약 때문에 입점시킬 수 있는 가짓수는 한정되어 있기 때문이다. 대형 유통업체의 상품기획자들은 그 많은 상품들 중에서 어느 것이 더 잘 팔릴 수 있는 물건인지, 어느 것을 팔아야 자기 유통망 사용대가를 더 확보할 수 있는지를 판단한다. 경쟁자들을 이길 만큼 매력적이지 않으면 하고 싶어도 안 되는 것이다.

TV 홈쇼핑! 대박의 기회일 수도 있다

집에서 텔레비전을 보다가 광고가 나오면 습관적으로 채널을 돌린다. 번호를 누르는 것도 귀찮아서 그냥 올리고 내리기를 반복한다. 그러다 보면 저절로 홈쇼핑채널을 거치게 된다. 공중파 방송 채널 사이사이에 홈쇼핑채널이 자리 잡고 있기 때문이다. 쇼핑에 관심도 없고 권한도 없는 나이지만 가끔 눈길을 끄는 상품이 나올 때면 채널을 멈추고 화면을 주시하게 된다. 쇼호스트들이 정말 잘 만들었다며 쉴 새 없이 자랑을 늘어놓으면 막 사고 싶어진다. 상품의 특성과 용도에 대한 자세한 설명은 물론이고 최고의 상품을 최저 가격으로 판다는 말을 들으면 안 사는 것이 손해라는 생각도 든다.

2012년 한 해 동안 GS홈쇼핑을 통해 거래된 금액이 약 3조 원 수준이다. 1년 365일 하루 24시간 동안 종일 방송하니 방송시간은 재방송 포함 8,760시간이다. 무려 시간당 약 3억 4,000만 원 이상이 거래된 것이다. 홈쇼핑회사에게 시간은 돈이다. 오프라인 매장이 공간적 제한을 받는다면 홈쇼핑회사는 시간적 제한을 받는다. 주어진 시간 내에 최대의 수익을 올리려고 하는 것은 너무나도 당연하다. 그래서 홈쇼핑회사는 아무 상품에게나 방송시간을 내어주지 않는다. 내부적으로 시간대별 목표 수익을 정해놓고 그 수익을 벌 수 있을 만큼 팔릴 상품만 방송한다. 때문에 홈쇼핑 방송시간을 배정받기는 정말 어렵다. 수많은 상품들에 대한 사전심사와 품평회를 통과해야 겨우 방송시간을 배정받는다. 방송시간을 배정받았다 해서 끝나는 것도 아니다.

아무리 전문가라 해도 실제 방송 판매를 해보지 않고는 결과를 확신할 수 없다. 실제 방송에서 예상만큼 팔리지 않았다면 다음 방송시간을 배정받기 어렵다. 그런데 방송을 하기 위해서는 예상판매량 이상을 미리 만들어놓아야 한다. 만약 팔리지 않으면 홈쇼핑사가 아닌 판매자기 그대로 재고를 떠안는다. 또한 방송을 하기 위해서는 여러 가지 비용이 들어간다. 잘되면 대박이지만 안 되면 쪽박인 셈이다.

내 주위에도 홈쇼핑을 통해 물건을 파는 회사들이 꽤 있다. 그런데 방송하기가 겁난다고 한다. 예전에는 팔리는 만큼 정해진 수수료를 내면 되었지만 이제는 시간대별로 정해진 금액을 내야 하는 경우가 많다고 한다. 팔리는 만큼 수수료를 낸다면 판매자 입장에서는 정액제보다 손해가 적다. 물론 한두 번 해보고 목표액만큼 팔리지 않는다면 더 이상 방송시간을 배정해주지 않을 것이다. 때문에 재고 부담과 그동안 들어간 비용으로 인한 손해는 피할 수 없다.

결국 홈쇼핑을 통한 판매는 방송시간을 배정받기가 어렵고 배정받았다 하더라도 잘 팔린다는 보장이 없다. 그러나 약 2,100만 가구를 대상으로 무려 40분가량 내 상품만 팔 수 있다는 점은 분명 매력적이다.

사이버쇼핑몰도 있다

통계청이 발표한 사이버쇼핑 동향조사 자료에 의하면 2012년 1~8월 사이버쇼핑 거래액은 약 21조 원이다. 월평균 약 2조 6,000억 원 이상 거래되고 있고, 소매판매업에서 차지하는 비중도 10%에 육박한다. 인터넷을 사용하는 사람이라면 누구나 한 번쯤 옥션이나 G마켓에 들어가보았을 텐데, 우리가 아는 사이버쇼핑몰 외에도 무수히 많은 사이버쇼핑몰이 있다. 통계청에서 조사 대상으로 삼는 쇼핑몰만 해도 모든 물건을 취급하는 종합몰이 179개이고 전문상품을 취급하는 전문몰이 843개나 된다. 물론 판매액 규모로 보면 종합몰이 74%, 전문몰이 26%로, 종합몰이 수는 적지만 쇼핑몰당 판매액은 훨씬 크다.

소비자들은 사이버쇼핑몰에서 주로 어떤 물건을 살까? 통계청 자료에 나타난 2012년 8월 중 사이버쇼핑 거래액 기준 상위 17개 상품군을 살펴보면 다음의 표와 같다.

사이버쇼핑몰에 입점하는 것도 대부분 해당 쇼핑몰의 심사를 받게 되지만 대형마트나 편의점에 입점하거나 홈쇼핑에서 방송시간을 배정받

상품별 사이버쇼핑 거래액

(단위 : 백만 원)

상품군	거래 금액	상품군	거래 금액
여행 및 예약 서비스	511,457	스포츠·레저용품	103,553
의류·패션 및 관련 상품	343,863	기타	84,830
가전·전자·통신기기	293,218	농수산물	70,713
생활·자동차용품	280,229	사무·문구	31,725
컴퓨터 및 주변기기	246,273	각종 서비스	14,756
음·식료품	214,888	음반·오디오·악기	10,606
화장품	144,064	소프트웨어	5,182
아동·유아용품	118,656	꽃	2,965
서적	110,480	합계	2,587,459

는 것보다는 훨씬 쉽다. 공간과 시간에 제한을 받지 않기 때문이다. 들어가기 쉬운 만큼 파괴력은 좀 떨어진다. 그래도 사이버공간은 소매판매액의 약 10%가 거래되는 훌륭한 장터다. 초기 비용과 재고 부담으로 인한 리스크도 상대적으로 적다. 특히 위의 표에 나온 것처럼 인터넷에서 거래가 활발히 이루어지는 물건을 팔고자 한다면 사이버쇼핑몰은 매력적인 대안이 될 것이다.

남자에게 참 좋은데

2010년 화제가 된 광고가 있다. 대표이사가 직접 나와 "남자에게 참 좋은데, 말로 표현할 방법이 없네."라고 말한 산수유 제품이다. 천호식품의 광고였다. 최근 천호식품은 편의점으로 유통망을 넓히는 등 판로의 다양화를 꾀하고 있다. 그러나 이 회사는 20년 넘게 통신판매만을 고집해온 기업이다.

천호식품은 대리점이나 직영점을 위주로 하는 다른 회사와 달리 서울, 부산, 양산에 콜센터를 두고 통신판매를 했다. 유통망을 확장하려면 관리비용 등으로 소비자가격을 올릴 수밖에 없는데, 가격을 올리는 대신 서비스 품질을 높이는 것이 더 낫다고 판단했기 때문이다. 약 200명의 콜센터 직원이 80여만 명의 고정고객을 관리하는 방법으로 천호식품은 연간 약 1,200억 원의 매출을 올리고 있다.

한 번 거절에 슬퍼하지 말라

지금도 수많은 사람들이 대형마트나 편의점 또는 텔레비전 홈쇼핑 상품기획자들이나 기업의 구매담당자를 만나고 있을 것이다. 모두가 하나라도 더 팔기 위해 전투를 벌이고 있는 것이다. 전투가 전투인 만큼 이길 수도 있고 질 수도 있다. 이기는 것이 지는 것보다 나은 건 사실이다. 그러나 지더라도 슬퍼하지 말자.

이번 전투에서 우리는 상품기획자나 구매담당자를 통해 내 물건에 대한 소비자의 반응을 맛본 것이다. 상대방도 자기가 속한 조직을 위하여 최선을 다하고 있다. 안 되면 안 되는 이유가 있는 것이다. 그들이 말하는 이유를 파악해서 보완할 수 있으면 보완하고, 보완할 수 없는 것이라면 깨끗이 포기하고 다른 물건을 만드는 것이 이익이다. 그렇게 하면 적어도 팔리지도 않는 물건을 재고로 떠안게 될 위험은 줄 것이다.

그런데 똑같은 물건이라도 보는 사람에 따라 평가가 다른 경우가 있다. 우리 회사의 엘리베이터 모니터를 활용한 광고만 해도 그렇다. 2005년 말경 이 사업을 시작한 이래로 무수히 많은 광고주와 대행사 사람들을 만났다. 물론 똑같은 물건이었다. 그런데 어떤 사람들은 비용 대비 광고효과를 높이 평가하는 반면 어떤 사람들은 아예 쳐다보지도 않았다. 사람에겐 저마다 특성이 있다. 자기가 보고 싶어 하는 방향으로 보기를 좋아하고 자기가 아는 범위 내에서 의사결정을 내리려 한다. 한 번 만남에 실망하지 않아도 되는 이유다. 우리 물건을 사줄 고객은 오늘 만난 그 사람만이 아니다.

관심 없이
되는 일은 없다

생활 속의 광고

우리는 아침부터 잠잘 때까지 여러 종류의 광고를 접한다. 일어나자마자 집어 든 신문 사이에도 무수한 광고 전단지가 끼여 있고, 텔레비전을 틀면 CF가 마구 돌아간다. 집에서 나와 엘리베이터를 타면 영어회화 광고 포스터가 붙어 있거나 광고 모니터가 달려 있다. 지나가는 버스 외벽에도 광고가 붙어 있고 지하철역에는 여러 종류의 무가지가 우리를 기다린다. 지하철역 기둥이나 벽면, 승강장 스크린도어에도 와이드칼라 광고가 붙어 있다. 지하철이 언제 오나 고개를 돌리면 행선안내기 옆에서 동영상광고가 돌아간다. 전동차 내에도 빼곡히 광고가 붙어 있다. 뿐만 아니다. 이어폰을 끼고 라디오를 듣자니 중간중간 광고가 나오고, 내릴 역을 알리는 안내방송에서는 인근 병원을 알리는 광고가 흘러나온다. 사무실에 들어와 컴퓨터를 켜고 인터넷에 접속하면 화면 여기저기에 배너광고나 동영상광고가 붙어 있고, 은행에 가서 순서를 기다리다 잡지를 집어 드니 반 이상이 광고로 도배되어 있다. 업무를 마치고 코엑스로 영화를 보러 가는 중에는 더욱더 많은 광고를 접하게 된다. 삼성역에서 올라가는 길 양쪽 벽, 계단 기둥, 광장, 극장으로 가는 통로에 수많은 광고물이 깨끗하게 빛나고 있다. 표를 끊어 극장에 들어서면 영화가 시작되기 전까지 화려한 동영상광고가 대형 화면을 가득 채운다.

광고는 왜

한마디로 눈만 뜨면 보이는 것이 광고다. 모두 소비자의 관심을 끌어 궁극적으로는 자기 물건을 사게 하기 위한 행동이다. 소비자가 광고를 접한 후 구매에 이르는 과정을 설명하는 모델 중 1920년 무렵 미국의 경제학자 롤랜드 박사가 제창한 AIDMA 모델이 있다. 이름은 그럴듯하지만 알고 보면 누구나 다 알 만한 내용이다. 이 모델에 따르면 소비자는 '주목(Attention) → 흥미(Interest) → 욕구(Desire) → 기억(Memory) → 구매행동(Action)'의 과정을 거쳐 물건을 구매한다. 따라서 물건을 팔기 위한 광고는 먼저 소비자의 주목을 끌어 흥미를 유발시켜야 한다. 그러면 흥미가 구매욕구로 전환되어 소비자의 머리에 각인된다. 그 각인이 최종적으로 구매행위를 이끌 때, 그 광고는 성공한 광고가 된다.

이와 달리 세계 굴지의 광고대행사인 D사는 새로운 모델을 제창했다. 인터넷이 보급되고 누구나 손쉽게 정보를 접할 수 있는 이 시대에는 상품이나 서비스, 광고에 주목한 소비자가 원하는 정보를 직접 찾아보거나 자신이 찾은 정보를 다른 사람과 공유하는 능동적 정보 접촉이 매우 활발하게 이루어지는 점에 착안한 것이다. 즉 기업이 소비자에게 정보를 전달하는 흐름 외에 소비자가 직접 광고를 수집하고 공유하는 두 가지 특징적 행동이 구매를 결정하는 요인으로 중요해진 것으로 보았다. 이를 적용한 것이 AISAS 모델이다. 《크로스위치》에 소개된 바로는 소비자가 '주목(Attention) → 흥미(Interest) → 정보수집(Search) → 구매행동(Action) → 정보공유(Share)'의 과정을 거쳐 물건을 구매하게 된다는 것이다.

두 가지 모델의 공통점은 소비자가 물건을 사게 하려면 소비자의 주목을 끌고 흥미를 유발해야 한다는 것이다. 그리고 이를 위해 많은 기업들이 쉴 틈 없이 광고를 쏟아붓는 것이다.

광고매체

우리는 아침부터 잠들 때까지 무수히 많은 광고매체를 접한다. 옆의 표를 보면 주요 광고매체별 광고수입을 알 수 있다. 역시 텔레비전 광고 수입이 1등이다. 그다음 신문, 인터넷, 케이블방송 순이다. 지하철광고, 버스광고, 엘리베이터 모니터광고 등의 옥외광고 외에도 전단지광고를 비롯하여 무수히 많은 광고매체가 있다. 여러분의 물건에 맞는 광고매체는 무엇인가?

광고는 적재적소에

아이나비라는 브랜드로 유명한 내비게이션 업체 팅크웨어는 2006년 5월 코스닥 시장에 상장되었다. 상장 전년도인 2005년 매출액은 438억 원

매체별 총 광고비

구분	매체	광고비(억 원)			성장률(%)		구성비(%)	
		2010년	2009년	2008년	2010년	2009년	2010년	2009년
4대 매체 (신문에는 전문지 및 무가지 포함)	TV	19,307	16,709	18,997	15.5	−12.0	22.8	22.9
	라디오	2,565	2,231	2,769	15.0	−19.4	3.0	3.1
	신문	16,438	15,007	16,581	9.5	−9.5	19.5	20.6
	잡지	4,889	4,388	4,804	11.4	−8.7	5.8	6.0
	소계	43,199	38,335	43,151	12.7	−11.2	51.1	52.6
인터넷	검색	10,440	8,250	7,500	26.5	10.0	12.4	11.3
	노출형	5,030	4,180	4,400	20.3	−5.0	6.0	5.7
	소계	15,470	12,430	11,900	24.5	4.5	18.3	17.1
뉴미디어	케이블	9,649	7,794	8,600	23.8	−9.4	11.4	10.7
	IP TV	205	114	53	79.8	115.1	0.2	0.2
	스카이라이프	153	96	95	59.4	1.1	0.2	0.1
	DMB	271	176	114	54.0	54.4	0.3	0.2
	소계	10,278	8,180	8,862	25.6	−7.7	12.2	11.2
옥외		7,494	6,573	6,395	14.0	2.8	8.9	9.0
제작 및 기타		8,061	7,368	7,663	9.4	−3.8	9.5	10.1
총계		84,502	72,886	77,971	15.9	−6.5	100.0	100.0

※출처 : 제일기획

으로 월평균 37억 원가량의 매출을 올렸고, 2006년 1~6월에는 약 50억 원의 월 매출액을 기록하였다. 그런데 2006년 10~12월 매출액은 464억 원으로 월 매출액이 무려 154억 원으로 뛰었다.

갑자기 왜 이렇게 늘어났을까? 바로 텔레비전광고의 힘이다. 내비게이션이라는 물건은 자동차를 사용하는 전국의 모든 운전자를 대상으로 한다. 팅크웨어는 코스닥 상장으로 약 130억 원의 자금을 조달했다. 그동안 하고 싶어도 하지 못했던 텔레비전광고를 집행할 여력이 생긴 것이다. 상장 전에는 광고비로 월평균 7,000만 원밖에 못 썼지만 2006년 4/4분기에는 약 열 배에 달하는 21억 원을 광고비로 집행했다. 결과는 성공적이었다. 텔레비전광고 후 매출이 거의 세 배 이상 늘었다. 이 효과는 2007년에도 이어져 연 매출액이 1,622억 원에 달하는 훌륭한 중견기업으로 자리 잡게 되었다.

그렇다고 너도나도 텔레비전광고를 할 수는 없다. 아무리 효과가 좋아도 100원을 벌기 위해 1,000원의 광고비를 쓸 수는 없다. 동네 소비자를 대상으로 하는 사업인데 전국 텔레비전 시청자에게 광고를 할 필요는 없지 않은가. 따라서 수많은 광고매체 중에서 어떤 것이 내 사업에 가장 적합한지, 광고를 위해 내가 투입할 수 있는 금액은 얼마나 되는지를 먼저 살펴야 한다. 그래서 주어진 금액 안에서 가장 효과적으로 소비자들의 주목과 흥미를 끌 수 있는 광고매체를 찾아야 하는 것이다.

광고비의 딜레마

매체별로 광고비는 천차만별이다. 물론 많은 사람들이 볼수록 비싸다. 텔레비전광고의 15초 CF도 시청률에 따라 가격이 다르다. 기준 가격을 보면 시청률이 낮은 시간대는 100만 원도 안 되지만, 시청률이 높은 시간에는 1,000만 원을 훌쩍 넘는다. 골든타임에는 비싼 광고비에도 자리가 없어 들어가지 못하는 경우도 있다. 광고 방송시간이 시간당 6분을 넘지 못하기 때문이다. 그래서 주말드라마 앞뒤에 나오는 광고를 세어보면 정확히 열두 개씩 총 24개다. 15초짜리 열두 개이니 앞에 3분, 뒤에 3분, 총 6분 동안 광고가 나오는 것이다.

그런데 혹시 프랜차이즈 가맹점 모집 광고에서 '텔레비전광고 중'이라는 문구를 본 적이 있는가? 텔레비전에 광고를 하고 있다고 하면 왠지 홍보비를 많이 쓰는 괜찮은 회사인 것처럼 보인다. 그러나 그렇지 않다.

사람들이 잘 안 보는 시간에는 광고비가 100만 원도 안 든다는 것을 기억하자.

　신문은 어떤가? 신문광고비용은 독자 수, 신문사, 페이지에 따라 또 다르다. 어떤 신문의 경우 1면 하단은 6,000만 원이 넘고 뒷면 전면광고는 1억 원이 넘는데, 안으로 들어가면 가격이 절반 이하로 떨어진다. 뿐만 아니다. 신문은 매일 발행되기 때문에 광고도 매일 마감을 한다. 그런데 광고가 안 들어오면 어떻게 할까? 갑자기 빈 면으로 내보낼 수는 없지 않은가? 그런 빈 면만을 정가보다 싸게 전문적으로 채우는 대행사가 있다. 신문광고도 무조건 비싸지만은 않은 것이다.

　그다음으로 잡지를 살펴보자. 잡지는 종합지부터 전문지까지 그 종류가 무수히 많다. 그중에는 돈을 받고 파는 유가지도 있고 공짜로 나눠주는 무가지도 있다. 일반적으로 유가지라 해도 잡지사의 수입에서는 광고수입이 가장 크다. 잡지광고료도 페이지에 따라 다른데, 한 월간 여성지의 경우 표지는 1,600만 원, 페이지가 넘어갈수록 200만 원까지 가격이 떨어진다. 잡지광고를 하려면 우선 내 사업의 고객이 주로 보는 잡지가 무엇인지를 살펴야 한다. 의외로 저렴한 가격으로 광고할 수 있는 잡지를 고를 수도 있다.

　텔레비전, 신문, 잡지와 라디오는 광고업계에서 전통적으로 4대 매체라 부른다. 그만큼 오래되고 대표적인 광고매체다. 그에 비해 인터넷광고시장은 2001년에는 전체 광고시장의 2%도 안 되었으나 2010년에는 광고비 수입 1조 5,000억 원, 광고시장 점유율 18.3%에 달할 정도로 각광받는 매체로 성장하였다. 대표적인 인터넷 포털 서비스 네이버를 운영하고 있는 NHN의 2011년 사업보고서에 따르면 광고 매출로 벌어들인 수입이 검색광고 1조 817억 원, 디스플레이광고 2,987억 원으로 무려 1조 3,800억 원에 달한다. 검색시장의 70% 이상을 점유하고 있으니 비싼 광고료에도 불구하고 많은 광고주가 찾는 것이다. 네이버의 초기화면 상단영역의 한 시간 독점광고료는 얼마나 될까? 지금 이 글을 쓰는 동안 네이버에 들어가 보니 '미사(美思) 금설기윤아이크림'이라는 광고가 상단영역을 차지하고 있다. 지금이 오후 4시 20분이니 이 회사는 한 시간에 약 2,900만 원의 광고료를 내고 있는 것이다. 네이버는 초기화면 상단영역 광고만으로 하루에 3억 7,000만 원, 1년 1,300억 원가량 되는 광고매출을 올리고 있다. 그 외에도 네이버 안에는 수많은 광고가 있고 노출량 등에 따라 다른 가격이 책정되어 있다. 이제는 텔레비전광고처럼 파괴력 있는 매체가 되어버렸다.

그 외에도 정말 많은 광고매체가 있지만 일일이 다 소개할 수가 없어 마지막으로 밀착광고에 적합한 엘리베이터 모니터광고와 전단지광고를 살펴보겠다. 2012년 12월 말 서울에 설치된 엘리베이터 모니터는 총 1만 3,000여 대다. 57만여 세대가 매일 보는 셈이다. 2010년 통계청이 조사한 바에 따르면 서울시 아파트 거주 세대수가 143만 9,259세대라고 하니 아파트 거주 세대의 40%가 엘리베이터 모니터를 보고 있는 것이다. 대당 단가는 지역별로 다르나 한 달에 대당 1만 원도 안 되는 가격으로 원하는 단지 거주자에게 집중적으로 광고할 수 있으니 지역밀착형 사업을 구상하거나 일반소비자들에게 물건을 팔려고 한다면 한 번 검토해볼 만한 매체다. 또 하나 많이 접하는 전단지광고는 상대적으로 저렴한 가격으로 제작할 수 있고 원하는 고객에게 전문적으로 배포하여 주는 업체도 많이 있으니 필요한 경우 인터넷 등을 활용하여 찾아보면 될 것이다.

〈1박 2일〉 이야기

언젠가 강호동, 이승기, 이수근 등 〈1박 2일〉 멤버들이 속초 아바이마을에서 촬영한 적이 있다. 〈1박 2일〉 촬영 후 정말 많은 것이 변했다. 아바이마을에는 이전에도 순대집이 있었지만 이제는 배를 건너면 거의 모든 집이 아바이순대집이다. 그리고 배로 건너기 전 이승기가 촬영한 생선구이집이 있다. 이승기가 왔다 간 이후 유명세를 타서 이제는 번호표를 받고 기다려야 한다.

맛도 중요하지만 나는 뭔가 떠밀리듯 먹어야 하는 분위기가 싫었다. 그래서 그다음에 갔을 때는 근처에 다른 생선구이집이 없나 살펴보았다. 두세 집 건너에 바로 생선구이집이 있었는데, 웬걸 손님이 아무도 없었다. 들어가 메뉴를 보니 그 집하고 똑같았다. 주문을 하려는데 주인아주머니가 옆집보다 2,000원 싸게 판다고 얘기해주었다. 손님이 없으니 넉넉하게 서비스까지 덤으로 받으며 맛있게 먹었다.

이것이 프로모션의 힘이다. 원했든 원하지 않았든 〈1박2일〉 팀이 촬영한 집은 복권에 당첨된 셈이 되었다. 그렇지 않은 집은 애꿎게도 엉뚱한 피해를 보게 되었고. 아직도 나이 드신 아주머니의 한숨이 생생하다. "우리 집은 테레비에 안 나와서 2,000원 싸게 드립니다."

어떻게 팔까?

1. 내가 팔까, 남에게 맡길까

- 아무리 좋은 물건을 만들어도 팔지 못하면 꽝이다.
- 생산자가 별도의 유통조직 없이 소비자에게 직접 물건을 파는 방식은 상대적으로 개당 이익률은 높을 수 있으나 어느 정도 이상의 대량판매에는 한계가 있다.
- 영업인력과 직영점이 많으면 그만큼 매출이 늘어날 가능성은 크나 영업인력과 직영점을 운영하는 데 드는 비용을 모두 감당하여야 하는 리스크가 있음을 생각하라.
- 판매계획 수립 시 막연하게 대리점을 모집하여 팔겠다거나 외부조직에 판매를 맡기겠다고 해서는 안 되며 대리점이나 판매조직의 입장에서 그들도 충분히 먹고 살 수 있을 것인지를 따져보아야 한다.
- 내 물건의 특성을 고려하여 파는 방법을 정하라.
- 목표고객에 맞는 판매 방법을 택하라.
- 기업고객을 상대로 물건을 팔기 위해서는 개별 기업의 구매구조를 파악해서 해당 기업에 맞는 판매 방법을 모색하여야 한다.
- 유통망을 가지고 있으며 최종 소비자와의 오랜 거래로 신뢰를 받고 있는 유통망을 활용하는 것이 내가 파는 것보다 많이 팔 수 있고 전체적인 이익은 더 클 수도 있다.
- 외부영업조직에 판매를 맡길 때는 상대를 잘 골라야 한다. 그저 그들이 내민 명함이나 경력을 신봉하지 말고 실제로 성실하게 팔아줄 사람들인지, 정말 팔아줄 능력은 있는 사람들인지 검증해보라.

2. 그곳에 가면 물건이 있다

- 소비자가 내 물건을 사는 방법은 매우 다양하다.
- 애니팡과 카카오톡의 만남처럼 내 물건을 살 고객들이 모여 있거나 자주 찾는 장소를 활용하라.
- 편리한 인터넷과 저렴한 택배시스템을 활용하여 동네 가게의 한계를 벗어날 방안도 모색해본다.

· 대형마트 등 오프라인 대량유통망에 통할 매력적인 상품을 만들어보라.

· 텔레비전 홈쇼핑은 잘되면 대박이지만 안 되면 쪽박이다.

· 인터넷에서 많이 사는 종류의 물건을 팔고자 한다면 내 상품에 어울리는 쇼핑몰을 찾아
  보라.

· 통신판매만을 고집해온 천호식품의 사례도 활용한다.

· 한 번 만남에 실망할 것 없다. 우리 물건을 사줄 고객은 오늘 만난 그 사람만이 아니다.

3. 관심 없이 되는 일은 없다

· 광고의 시작은 소비자의 주목을 끌고 흥미를 유발하는 것이다.

· 아무리 효과가 좋아도 100원을 벌기 위해 1,000원의 광고비를 쓸 수는 없다.

· 주어진 금액에서 가장 효과적으로 소비자들의 주목과 흥미를 끌 수 있는 광고매체를 찾
  기 위해 노력하라.

아빠는 왜?

어디엔가 걸려 있는 액자를 보고 마음에 와닿아서 스마트폰으로 찍어 놓았던 시가 있다.

아빠는 왜?

엄마가 있어 좋다

나를 이뻐해주셔서

냉장고가 있어 좋다

나에게 먹을 것을 주어서

강아지가 있어 좋다

나랑 놀아주어서

아빠는 왜 있는지 모르겠다

사랑하는 가족을 위하여 열심히 일하다보니 얼굴 보기도 힘든 아빠에 대한 요즘 어린 아들딸들의 감정을 있는 그대로 보여준다. 그러나 가만히 생각해보면 1960년대에 태어난 우리 세대도 어릴 때는 아버지가 그렇게 살갑지 않았던 것 같다. 우리에게 아버지는 자식들을 위하여 온몸 다 바쳐 열심히 일하는 존경스럽고 무서운 분이었을 뿐, 우리하고 놀아주는 것은 아예 바라지도 않았다. 솔직히 아버지가 집에 계시는 일요일 보다는 일하러 나가시는 평일이 더 좋았고 "세상에서 누가 제일 좋아?"라는 질문에도 1번 엄마, 2번 형, 누나나 동생 그리고 마지막으로 예의상 아버지를 꼽았던 기억이 난다. 그래도 우리는 아이들 어릴 때 놀이공원에도 데려가고 축구도 야구도 같이하고 자전거도 같이 타고, 우리 아버지 세대보다는 훨씬 더 가정적이지 않은가. 한마디로, 같은 아버지이지만 우리에게는 아버지였고, 우리 애들에게는 아빠인 것이다.

집집마다 다르겠지만 50대 전후라면 보통 20세 전후의 자식이 있을 것이다. 많이 컸다. 신체적으로만 보면 아빠 엄마보다 더 많이 컸다. 그만큼 크느라 아이들도 공부다 뭐다 고생 많았겠지만, 이만큼 키우느라 우리 아버지 어머니도 정말 고생이 많았다. 나도 스무 살이 넘은 아들과 딸이 하나씩 있는데 보기만 해도 뿌듯하다. 이제 다 키운 것 같고 조금만 더 노력해서 대학만 졸업시키면 끝일 것 같다. 그런데 그렇지가 않다. 나보다 나이도 많고 애들도 큰 선배들 이야기를 들어보면 아직도 멀었단다. 애들이 돈을 벌어야 독립할 수 있을 텐데, 그러기에는 아직 갈 길이 멀단다. 이제는 나도 다 큰놈 뒷바라지하기가 점점 어려워만지는데……

게다가 이놈들은 클수록 부모 말을 잘 안 듣는다. 부모가 해주는 것을 당연하다고 생각해서 주위 친구들보다 못해준다고 화를 내기도 한다. 옷을 사주어도 마음에 안 든다며 땍땍거리고 밥을 해줘도 뭐가 불만인지 잘 먹지 않고 투덜거린다. 아침에 깨워달라고 해서 깨워주면 왜 깨우느냐고 징징댄다. 정말 화가 난다. 어떨 때는 너무 화가 나서 '아빠 엄마한테 뭐 해달라 하지 말고 나가서 너 혼자 벌어먹으며 맘대로 살아.'라는 말이 막 나오려고 한다.

그런데 가슴에 손을 얹고 생각해보니 나도 그랬다. 아침 등교시간에 맞추어 새벽부터 일어나 정성껏 차려주신 어머니의 밥상을 지금 우리 애들과 똑같이 무시하기 일쑤였고, 지각하지 말라고 깨워주는데도 일어나기가 싫어서 어머니의 애를 얼마나 태웠던가. 옷이나 신발은 또 어떻고? 별로 마음에 들지 않는 옷과 늘 부족한 용돈에 부모님을 원망한 적도 있다. 또 대학생이랍시고 허구한 날 친구들과 어울려 다니며 부모님들 속을 얼마나 썩였던가.

요즈음 주위에 대학생 자녀를 둔 사람들을 만나면 서로 묻는다. "요새 애들 집에 일찍 옵니까? 우리 애들은 얼굴 보기가 힘들어요." 그러면 상대편 아버지가 그런다. "그래요? 그 집도 우리하고 똑같네요."

우리가 살아온 지금까지의 경험을 중심으로 자식들의 미래를 생각하면 "이렇게 해라, 저렇게 해라." 해주고 싶은 잔소리가 무지 많다. 그러나 어쩌랴. 우리 애들은 우리가 아니다. 우리가 우리 아버지는 아니었듯이.

제5원칙

할 수 있어야 성공할 수 있다

마부작침(磨斧作針)

도끼를 갈아 바늘을 만든다.
끊임없이 노력하면 할 수 있다.
하지만 시간과 비용을 고려해야 한다.
할 수 있는가, 없는가. 냉철한 판단이 필요하다.

가슴에 손을 얹고
할 수 있는가

사소한 것이라고 무시하지 말라

세상에 100% 확실한 사업은 없다. 사업은 리스크와의 싸움이다. 앞서 사업가는 성공 가능성이 51%만 돼도 사업을 해보려 하고 은행원은 실패할 확률이 1%만 넘어도 대출해주지 않으려 한다는 말을 했다. 중요한 것은 할 수 있는가 하는 것이다. 아무리 좋은 아이템이라도 내가 할 수 없는 것이라면 그저 공상에 불과하다. 암을 정복하는 약이나 아이언맨의 슈트는 누구나 만들고 싶어 한다. 하지만 그건 불가능한 일이다. 물론 그게 가능한 날이 언젠가는 올 수 있다. 하지만 사업을 시작하는 사람에게 언젠가 된다는 것이 지금 당장에는 독이 될 뿐이다.

물건을 만들기 위해서 어떤 기술과 재료가 필요한가? 필요한 기술과 원재료 등을 확보하는 것이 가능한가? 지금까지 컨설팅한 많은 벤처기업들을 보면 뛰어난 기술을 가진 기업들이 많았다. 그런데 제품을 만들기 위해 필요한 모든 기술을 확보한 기업은 많지 않았다. 많은 기업들이 특정 부분에서는 매우 뛰어난 기술을 가지고 있으나 물건을 만드는 데 필요한 기술 중 한두 가지가 부족했다. 결국 원하는 물건을 만들기 전에 없어지는 경우가 많았다.

이러한 실패를 피하기 위해서는 물건을 만들기 위해 필요한 기술이나 원재료 등에 대한 리스트를 작성하고 현재 확보된 것과 아직 확보하지 못한 것을 분류해야 한다. 아직 확보하지 못한 부분은 언제까지 어떻게 확보할 수 있을지를 구체적으로 파악하고 실제 확보 가능한지를 확인해야 한다. 사소한 것이기 때문에 '어떻게든 구할 수 있을 거야.'라고 막연하게 생각하는 경우가 있는데 사소하게 생각한 그 하나 때문에 그동안 쌓아온 공이 와르르 무너지는 슬픔을 맛볼 수도 있다.

손님의 입장에서 생각하라

나는 1990년에 직장생활을 시작한 이래 20여 년간 외식을 하고 있다. 많은 직장인들이 느끼겠지만 같은 음식이라도 음식점에 따라 그 맛이 다르다. 맛있는 집은 줄을 서서라도 먹는데 조금 맛이 떨어지면 아무리 싸고 편해도 안 가게 된다. 그리고 여행을 하거나 일 때문에 지방에 가는 경우에는 그 지방의 맛집을 물어 찾아가게 된다. 그러면서 '나도 이런 음식점 하나 하면 얼마나 좋을까.' 하고 생각하는 경우가 많다. 그러나 어쩌랴. 나는 그 음식점 주인처럼 그렇게 맛있는 음식을 만들지 못하는 것을.

점심때만 되면 삼성동 근처는 직장인들로 바글바글하다. 그럼에도 불구하고 몇 달 버티지 못하고 문을 닫는 음식점이 있다. 지나는 사람들은 인테리어 업자만 좋은 일 시킨다고 말한다. 하지만 문을 닫아야만 하는 음식점 주인의 마음은 어떨까?

음식점의 성패를 결정하는 요인은 무엇인가? 말할 것도 없이 음식의 맛이다. 그런데 그 음식의 맛을 결정하는 요인은 또 무엇일까? 맛이 좋고 나쁨은 소비자가 결정한다. 그러므로 사업을 시작하기 전에 소비자의 입장에서 내 음식의 품질을 냉정하게 평가해야 한다. 어떤 음식점은 자기 음식을 맛없어 하는 소비자를 이해하지 못한다. 그럼 결국 문을 닫아야 한다. 소비자의 입맛을 잡아 끌 맛, 그것이 음식점의 킬러콘텐츠다.

이론과 실제

'물건을 만들 수 있다.' 여기엔 판단 기준이 있다. 보통 연구기관에 있던 사람들이 착각하는 부분인데, 이론적으로 만들 수 있고 실험실에서 성공하면 바로 대량생산이 가능하다고 생각하는 것이다. 가능성 여부를 판단하는 기준은 실제 생산이다.

우리는 종종 언론을 통해 어느 연구소에서 어떤 병을 고치는 실험이 성공하였다는 소식을 접한다. 그러나 그것은 실험에 성공했다는 것이지 실제 환자에게 바로 적용할 수 있다는 뜻이 아니다. 환자에게 적용하기 위해서는 식품의약품안전청의 허가를 받아야 하고 이를 위해서는 몇 단계의 임상을 거쳐야 한다. 그러고도 많은 절차가 필요하다. 그런 과정에서 제품화되지 못하는 경우도 있다. 때문에 실험실에서 성공했다는 것만으로 그 물건을 만들 수 있다고 판단하는 것은 시기상조다.

IT기업의 경우에도 실험이나 시험생산에 성공했다는 것만으로 생산을 판단할 수 없다. 시험생산설비에서 원하는 수율이 나왔어도 실제 양산설비에서는 그러지 못한 경우가 허다하기 때문이다. 그래서 물건을 주문하는 입장에서는 시험생산 결과만으로는 주문을 내지 않고, 양산설비를 갖춘 후 양산설비의 생산 결과를 보여달라고 요구하는 경우가 많다. 때문에 시험생산에 성공한 사업가들도 양산에 필요한 설비인력 등을 갖추기 위한 자금을 구하는 데 어려움을 겪는 것이다. 만들 수 있는지에 대한 판단은 실험실에 있지 않다. 실제 물건을 양산할 수 있는지 판단해야 한다.

분명한 기준, 상품성

기술적으로 만들 수 있다. 실제 생산에도 문제가 없다. 그럼 다음 기준은 무엇이 될까? 그것은 상품성이다. 사업적인 면에서 상품성이 없다는 것은 만들지 못한다는 것과 같다. 상품성을 판단하는 기준은 아주 간단하다. 우선 물건을 완성하여 소비자에게 제공할 때까지 소요되는 비용을 뽑는다. 다음에는 현재 시장에서 얼마 정도에 팔리고 있는지 파악한다. 마지막으로 내가 제공하는 물건에 대해 소비자가 얼마 정도를 지불할 생각이 있는지를 소비자의 입장에서 판단한다.

그 결과 '원가 < 가격 < 가치(소비자가 느끼는 가치)'라는 부등식이 성립하면 상품성이 있다고 판단할 수 있다. 만일 원가가 가격보다 높거나 소비자가 느끼는 가치가 가격보다 낮다면 이를 극복할 방법을 찾아야

한다. 원가를 낮추거나 소비자가 느끼는 가치를 획기적으로 높일 품질 개선 방안이 없다면 생존부등식(원가 < 가격 < 가치)이 성립될 때까지 끊임없이 개선해야 한다.

상품성을 판단할 때 유의해야 할 점이 있다. 유사한 물건이라도 위치나 기타 여러 가지 주변 여건에 따라 상품성이 많이 달라진다는 것이다. 우리는 매일 지하철에서 많은 광고를 접한다. 그중 지하철 출입문 옆에 액자형 광고가 있다. 이용 승객이 많은 지하철 2호선은 다른 노선보다 단가가 비싼데도 항상 액자광고가 꽉 차 있다. 광고를 하려면 빈 곳이 나올 때까지 기다려야 한다. 그러나 승객이 상대적으로 적은 다른 노선은 2호선보다 단가가 저렴한데도 빈 곳이 많다. 지하철 출입문 옆 액자형 광고라는 물건 자체의 특징은 동일하다. 그러나 어느 노선에 부착되어 있느냐에 따라 상품성에 차이가 나는 것이다.

완벽한 때가 있는가

우수한 과학자와 훌륭한 사업가는 다르다. 사업을 하는 사람은 싸게 만들어 비싸게 많이 파는 것을 목적으로 한다. 그러나 만드는 사람은 누구에게도 뒤지지 않을 만큼 완벽한 물건을 추구하는 경우가 많다. 이 때문에 사업에 실패한 기업들이 꽤 있다.

어떤 사업이든 대부분 경쟁업체가 있기 마련이다. 그래서 물건을 완벽하게 만드는 데 치우치면 시기적으로 시장에 뒤처질 가능성이 있다. 물론 소비자가 쳐다보지도 않을 정도의 물건이라면 아예 이야기할 필요도 없다. 하지만 완벽하지는 않더라도 그런대로 쓸 만한 경우에는 우선

시장에 내놓는 것도 성공의 한 방법이다. 이러한 과정을 통해 내가 궁극적으로 생산할 물건에 대한 소비자의 판단을 테스트해볼 수 있고 보완해야 될 부분을 파악할 수도 있다. 무엇보다도 너무 완벽한 제품만을 고집한다면 시장을 빼앗길 우려가 있다. 유사한 물건을 먼저 시장에 내놓은 경쟁업체가 시장을 선점하게 되면 그 업체보다 좋은 물건을 만들었어도 소비자의 선택을 받지 못하게 되는 경우가 생긴다.

내부적으로는 완벽한 물건을 만들기 위한 노력이 끊임없이 진행되어야 할 것이다. 그러나 소비자의 선택을 받을 수 있을 정도의 물건을 만들 수 있다면 우선 소규모로 시장에 출시함으로써 소비자의 반응을 테스트하는 것도 좋다. 소비자의 반응을 감안하여 물건을 개량하고 다시 소비자의 반응을 테스트하는 과정을 거치면서 서서히 물건 생산량을 늘리는 전략이 필요한 것이다. 이러한 전략은 판단 미스로 인한 피해를 줄이기 위해서도 필요하다.

2000년 5월에 스크린골프 전문기업 G사가 설립되었다. 자체 조사 결과에 따르면 2010년 전국 6,578개의 스크린골프 시스템 중 5,545개를 차지하여 84.3%의 높은 점유율을 보인다. 이 회사의 시장점유율은 2008년 60.7%, 2009년 77.0%, 2010년 84.3%로 점점 높아져왔다. 이는 스크린골프장을 선택함에 있어 최종 소비자의 브랜드 인지도가 중요한 요소로 작용하고 있기 때문으로 볼 수 있다.

G사의 공시자료상 사업보고서에 따르면 스크린골프 산업은 실제 골프장 환경과 얼마나 유사하게 구현되느냐가 핵심 관건이다. 만일 G사가 그 유사성이 현재 수준에 이를 때까지 계속 개발만 하고 제품을 출시하

지 않았다면 어땠을까? 스크린골프 사업에도 초기부터 경쟁자는 있었다. 경쟁자마다 실제 골프장 환경과 유사하게 구현하는 방법은 조금씩 다르다. 최근에는 3D 스크린골프가 나왔고, 실제와 더 유사하게 구현하는 기술은 계속 개발되고 있다. 그러나 이미 시장은 G사가 거의 독점하고 있다.

이미 높은 인지도를 보유한 G사를 넘어서기 위해서는 그만큼의 마케팅 비용이 소요된다. 더 중요한 것은 스크린골프를 좋아하는 소비자들이 이미 G사의 시스템에 익숙해져 있다는 것이다. 까다로운 최종 소비자들은 설령 실제 골프장 환경과 더 유사한 시스템이 있다 하여도 그동안의 경험으로 익숙해져 있는 스크린골프장으로 가게 되어 있다.

G사의 초기 시스템은 골프장 환경과의 유사성이 지금에 훨씬 못 미쳤을 것이다. 그러나 소비자들이 선택할 만큼의 수준은 된다고 판단한 시점에서 일단 시장에 출시함으로써 결과적으로 시장을 선점하게 되었다. 그리고 확보된 재원을 활용하여 기존 시스템을 끊임없이 업그레이드시키면서 현재까지 오게 된 것이다.

준비 없이 시작하지 말라

물론 반대의 경우도 있다. 소비자가 선택할 만큼도 안 되는 물건을 시장에 내놓음으로써 그 물건을 구입한 소비자로부터 외면당하는 경우다. 구입 후 실패를 경험한 소비자는 설령 그 물건이 전보다 훨씬 더 좋아졌다고 해도 다시 쳐다보지 않는다.

몇 년 전, 신문간지광고를 보고 가족들과 집 근처 순두부전문점에 간적이 있다. 문을 들어서는 순간 뭔 사람이 그리도 많은지, 그 동네에서 순두부 좋아하는 사람들이 다 모인 것만 같았다. 그래도 한쪽에 자리를 잡아 해물순두부와 두부김치 등을 시켜놓고 들뜬 마음으로 음식이 나오길 기다렸다. 그런데 이건 또 뭔 일인가. 다른 집 같으면 금방 나올 음식이 거의 한 시간가량을 기다리는데도 나오지 않는 것이었다. 그래도 사람이 많아 그러려니 했다. 그리고 한참을 지나 드디어 해물순두부가 나왔다. 그런데 더 어처구니없는 일이 생겼다. 해물순두부에 해물이 없는 것이다. 주인을 불러 물어봤더니 재료가 떨어져 그리 되었단다. 우리만 그런 것이 아니었다. 여기저기서 불만이 터져 나왔다. 배가 너무나 고파서 해물도 없는 해물순두부를 거의 쑤셔넣다시피 하고 가게를 나왔다. 그리고 다시는 그 집에 가지 않았다. 물론 그 집은 한 달 정도 뒤에 문을 닫았다.

음식점의 성패를 결정하는 요인은 맛이지만, 손님에게 제공하는 서비스 또한 중요하다. 손님이 불편하지 않도록 종업원을 교육시키고, 한 번 온 손님을 놓치지 않기 위하여 만반의 준비를 갖춰 문을 열어야 한다.

비결이 핵심이다

'누가 만드는가?' 이는 음식점에서 중요한 요소가 된다. 요즘은 맛집을 소개하는 텔레비전 프로그램이 홍수를 이룰 정도다. 대부분의 맛집에는 그 집 특유의 맛을 내는 비결이 있다. 하지만 사업을 물려줄 사람이 아니라면 아무에게도 그 비결을 알려주지 않는다. 주인이 직접 만든다면 아무 문제가 없겠지만 주인이 아니라 전문요리사만이 그 맛을 낼 수 있다면 생각해볼 문제가 파생된다.

음식점의 경쟁력은 인테리어, 서비스, 위치 등 여러 가지일 것이다. 그래도 핵심이 되는 것은 역시 음식의 맛이다. 그런데 그 맛을 내는 역량이 주인인 내가 아니라 다른 사람에게 있다면 어떨까? 맛을 결정짓는 전문요리사가 자의든 타의든 그만두게 된다면 더 이상 그 맛을 손님에게 제공하지 못하게 된다.

정도의 차이는 있지만 어느 사업에나 기술, 경험, 자세 등 핵심적인 역량을 가진 주체가 있다. 그 주체가 주인이 아니라면 핵심적인 역량을 지속적으로 확보하는 방안을 마련해야 한다. 아무리 돈을 많이 투자하고 지분을 많이 가지고 있어도 핵심역량을 확보하지 못하고 다른 사람에게 종속되어 있는 구조라면 안정적인 사업을 영위할 수 없을 것이다. 물론 그렇다고 해서 핵심기술을 가지고 있는 사람만이 주인으로서 사업을 할 수 있는 것은 아니다. 중요한 것은 핵심적인 요소를 어떠한 방식으로 확보할 것인가 하는 문제다.

내 것이 아니면 표준화하라

만일 전문요리사를 채용할 계획이라면 내가 사업을 하는 동안에는, 아니 적어도 일정 기간 동안에는 그 요리사가 우리 음식점에서 일할 수 있는 방안을 모색해야 한다. IT기업이나 바이오기업의 핵심기술자들도 마찬가지다. 내게 없는 핵심요소를 확보하는 가장 확실한 방안은 그 기술이나 비법을 표준화하여 특정 사람과 상관없이 원하는 물건을 만들어내는 구조를 만드는 것이다. 음식점의 경우, 재료부터 완성까지 전 조리 과정을 문서화하고 표준화하는 것이 제일 좋다. 물론 전문요리사 입장에서는 자신만의 비결을 쉽게 공개할 수 없을 것이다. 또한 비결을 전수받으려면 많은 대가를 지불하여야 할 것이다.

IT기업이나 바이오기업의 기술은 오히려 표준화하고 문서화하는 것이 일반화되어 있다. 사업에 꼭 필요한 기술을 특허로 등록하는 것이 일반적이므로 다른 사람이 특허를 보유하고 있는 기술은 특허사용료를 지불하고 계약을 통해 사용권을 확보하는 방안이 있다. 표준화가 가능하다면 상당한 대가를 치르더라도 확보하는 것이 좋다.

그러나 표준화되기 힘든 기술을 보유한 자가 그 기술의 공개를 꺼리는 경우가 있을 수 있다. 맛집의 비결은 그 집안 식구 등 특수 관계인들만 공유하는 경우가 많다. 때문에 외부인이 주인으로서 그런 맛집을 새로 시작하는 것은 어렵다.

그동안 자문한 회사 중에 유용한 기능을 발휘하는 화학합성물을 생산하고자 설립된 회사가 있었다. 그 기술을 보유한 사람은 모 대학의 교수였고 자본을 투입하여 실제 사업을 하는 사람은 다른 사람이었다. 오너에게 사업의 안정성과 영속성을 위해 그 기술을 표준화하고 특허로 등록할 것을 권유했다. 그러나 그 기술을 가진 교수는 문서화할 경우 누구나 따라 할 수 있지 않느냐며 기술을 끝까지 공개하지 않았다. 물론 사업도 결국 사람이 하는 일이다. 무조건 어떤 잣대로 평가하는 것은 맞지 않다. 그러나 나 같으면 남에게 끌려다닐 수밖에 없는 사업은 시작하지 않을 것이다.

잘 모르면 하지 말라

핵심역량을 타인에게 의존하는 경우에 주의해야 할 사항이 또 하나 있다. 나는 많은 기업 등을 컨설팅하면서 잘 모르는 것은 안 하는 것이 좋다는 것을 깨달았다. 그래도 내가 아는 분야만으로는 사업을 하기가 힘들 수 있다. 그래서 믿을 수 있는 전문가와 같이 하려 한다면, 그 전문가가 아무리 안심을 시켜도 몇 번이고 생각해보아야 한다.

물건 개발이 완료되어 생산만 남은 단계라면 그래도 좀 낫다. 물론 앞에서 언급한 것은 잊지 말아야 한다. 개발이 완료되었어도 실제 양산을 해보면 잘 안 되는 경우가 있다. 그러나 이미 잘 팔릴 만큼 좋은 물건을 양산할 정도로 사업이 진척된 경우에는 나에게까지 사업 참여의 기회가 오지 않는 것이 대부분이다. 그래도 잘 모르는 분야에 대하여 사업 제의를 받았다면, 설령 그 기회를 놓치더라도 신중에 신중을 기해야 한다.

엘리베이터 모니터 사업 이야기

안타깝게도 이 이야기는 현재 우리가 운영하고 있는 회사의 사례다. 그리고 이 이야기는 핵심역량이 누구에게 있는지, 만일 사업추진자가 그 핵심역량을 가지지 못했다면 이를 어떻게 확보하는지에 대한 것이다.

나는 1990년에 민간투자전문은행인 장기신용은행에 입행하여 약 9년간 여신심사와 사후관리업무를 담당했다. 그 이후에는 은행 선후배, 동료와 함께 경영컨설팅회사를 설립하여 수백 개 기업에 대한 컨설팅을 수행하면서 기업을 보는 눈이나 사업성 검토에 대해 자신감을 가지게 되었다. 그리하여 지하철 스크린도어 사업을 추진하는 회사경영진을 도와 약 1,000억 원에 달하는 자금을 조달함으로써 사업이 성공적으로 자리 잡는 데 일익을 담당할 수 있었다.

스크린도어 사업으로 광고시장에 대해 어느 정도 알게 된 2005년 초여름 즈음에 한 업체가 지인을 통해 사업계획서를 들고 찾아왔다. 사업에 필요한 자금을 구하는 데 도움을 달라는 것이었다. 사업의 골자는 강남에 소재한 아파트 엘리베이터 내에 LCD모니터를 설치하고 아파트 주민들에게 구정 홍보영상이나 아파트 관련 공지사항 및 주민에게 유용한 정보를 제공하는 것이었다. 수익은 영상에 광고를 송출함으로써 올리는 것이었다.

우리는 실행 가능성과 관련하여 크게 세 가지 부분을 체크했다. 첫째, 아파트 엘리베이터 내 LCD모니터라는 매체가 광고주의 선택을 받을 수 있는 매체인가? 둘째, 아파트에 모니터를 설치하려면 주민들의 동의를 받아야 하는데, 그게 가능할까? 셋째, 가장 중요한 것이 광고영업인데 실제로 광고영업을 할 능력이 있는가? 아파트 엘리베이터 내에 모니터를 설치하고 광고를 송출하는 것이 기술적으로 가능한지에 대해서도 알아봐야 했는데, 광고 사업을 목적으로 하는 건 아니지만 이미 설치·운영되고 있는 사례가 있어 이는 별문제가 되지 않았다.

일단, 광고주가 채택할 만한 매체인지에 대한 조사 결과는 반반이었다. 기본적으로 1만 5,000세대(엘리베이터로는 약 300여 대) 이상의 동질적인 집단을 확보하여야 한다는 전제하에 상대적으로 부유층이 거주하는 강남 지역 주민 집단을 대상으로 한다면 충분히 가능하다는 의견과 새로운 형태의 매체기 때문에 광고를 집행하는 실무자 입장에서는 채택하기 쉽지 않을 것이라는 의견이 모두 제시되었다. 다음으로 아파트 주민들의 동의를 받을 수 있는지에 대해서는 사업계획서를 가져온 업체가 이미 강남구 소재 약 3만 세대와 설치 계약을 체결한 상태라 문제 될 게 없었다. 마지막으로 실제 영업을 누가 할지, 이게 제일 문제였다. 앞의 두 가지가 모두 해결되었더라도 실제 광고주를 영입할 능력이 없으면 할 수 없는 사업이기 때문이다. 우리 회사는 컨설팅 전문회사고 사업계획을 가져온 회사는 설치 · 운영회사여서 둘 다 영업을 할 능력은 없었다. 따라서 사업운영과 투자금 회수 및 적정 수익을 확보할 수 있는 만큼의 일정 금액을 매달 우리 회사에 내고 영업을 전담하겠다는 광고영업 전문회사가 있으면 투자를 하고 아니면 접기로 결론을 내렸다.

혹시라도 영업을 외부에 맡기거나 영업전문가를 영입하고자 한다면 조심해야 할 부분이 있다. 전부 다는 아니겠지만 영업을 하는 많은 조직들이나 전문가라는 사람들에게는 공통된 특징이 있다. 물건 파는 것은 자기들이 책임질 테니 걱정하지 말고 물건만 만들어오라고 하는 것이다. 아파트 엘리베이터 모니터에 대해서도 그렇게 말하는 영업조직이 꽤 있었다. 그러나 그렇게 자신 있으면 독점적으로 영업권을 줄 테니 우리에게는 얼마만 주고 나머지는 다 가지되 우리에게 지급해야 하는 금액에 대한 지급보증서를 제출하라고 하면 금방 꼬리를 내리고 말았다. 기본적으로 영업권은 확보하되 안 팔리면 그만이라는 식이다. 실제로 광고업뿐 아니라 많은 업체에서 이들의 말만 믿고 물건을 만들었다가 영업전문가나 영업조직이 하나도 팔지 못하고 손을 떼는 바람에 물건만 잔뜩 쌓인 경우를 주위에서 많이 보았다.

우리는 두 가지 조건을 정했다. 매달 일정 금액을 낼 것과 그 지급의무에 대해 믿을 만한 기관으로부터 지급보증을 제출할 영업 전문회사를 찾는 것이었다. 불행인지 다행인지 우리 회사가 요구하는 금액을 매달 지불할 의사가 있으며 지급보증을 제출하겠다는 회사를 만났다. 그리고 실제로 그 회사는 사장과 친지 소유의 부동산을 보증보험에 담보로 제공하고 지급보증을 제출했다.

이 사업의 핵심역량인 영업력을 갖추지는 못했지만 광고영업계에서는 보기 드물게 광고영업 전문회사가 지급보증을 제출하는 것을 보고 이 매체는 성공할 수밖에 없다는 생각을 갖게 되었다. 그리고 이를 바탕으로 설치자금에 투자하게 되었다. 그러나 문제는 뜻하지 않은 곳에서 발생했다. 지급보증을 제출한 회사가 또 다른 매체 확보를 위해 부담할 수 없는 금액을 투자했다가 망하고 만 것이다. 우리 회사는 지급보증금액을 받기는 했지만 가장 중요한 광고영업을 결국 직접 할 수밖에 없는 상황에 이르게 되었다.

우리 회사 임원들은 아직도 컨설팅 사업을 하고 있다. 그러나 지금은 광고가 더 중요한 사업이 되었다. 어쩌다 보니 광고영업을 한 지두 6년이 다 되어간다. 계획에 없던 광고영업이지만 몇 년 하다보니 나름대로 전문가가 되어가는 느낌도 들기는 하지만 광고영업은 아무래도 남들보다 잘하는 분야가 아니다. 광고 사업에서 제일 중요한 것이 광고영업이다. 그것을 알면서도 좋은 조건이었기에 외부에 전적으로 맡긴 것은 잘못이라고 생각한다.

사람과
돈

인력, 내 사업에 맞게 정하라

　물건을 제공하는 데 필요한 인력과 조직은 물건에 따라 다르다. 당구장에는 당구장 관리, 음료 제공, 계산 등을 할 인력이 필요하고, 음식점에는 요리사, 설거지, 서빙, 배달, 계산 등의 업무를 할 인력이 필요하다. 물론 모든 업무마다 별도의 인력이 필요한 것은 아니다. 하고자 하는 사업의 규모에 따라 한 사람이 몇 가지 일을 하기도 하고 몇 사람이 한 가지 일을 나누어 하기도 한다. 기업도 마찬가지다. 규모가 아주 큰 기업에는 직원들의 경조사만 돌보는 직원이 있고, 직원식당의 영양사만도 여러 명이다.

　사업의 규모나 종류에 따라 필요한 인력은 다르다. 자기가 하고자 하는 사업의 종류와 규모에 맞추어 적정한 인력과 조직을 갖추어야 한다. 가끔 기업을 방문해보면 반드시 필요하지 않을 것 같은 인력이 눈에 보인다. 예 컨대 벤처 붐이 한창이던 때에 투자를 받아 사무실을 새로 연 회사를 방 문해보면 방문 손님도 얼마 없는 것 같은데 안내만을 담당하는 직원이 있 는 경우가 있었다. 어떤 회사는 매출 규모가 그리 크지 않은데 경리, 자금, 회계 분야에만 사원, 대리, 과장, 부장, 임원이 줄줄이 있는 경우도 있다.

필요한 업무와 업무량을 파악하라

필요한 인력과 조직을 정하기 위해 먼저 파악해야 할 사항은 사업을 원활하게 수행하는 데 필요한 일들과 그 일의 규모다. 최종 소비자에게 물건이 제공되기 위해서는 대체적으로 팔 물건을 기획하고 개발하는 분 야, 개발된 물건을 생산하는 분야, 생산된 물건을 판매하는 분야, 생산에 필요한 원재료 등을 구매하는 분야, 인사와 서무, 회계, 자금 등을 담당 하는 분야 등이 필요하다.

사업도 사람처럼 하나의 유기체다. 사람에게 필요한 것이 부족하면 그게 아무리 사소한 것이어도 그 사람은 병이 나기 마련이다. 마찬가지 로 사업에 있어 사소한 업무라도 빠지게 되면 사업 수행에 지장이 생긴 다. 따라서 사업을 시작하기 전에 업무계획표를 작성하고 각 업무마다 필요한 인원 및 능력을 표시하여 필요한 사람을 뽑을 방안을 마련해야 한다.

이때 조심해야 할 것이 있다. 많은 경영자들이 자기가 잘 아는 분야에 대해서는 필요한 업무와 인원을 잘 챙기지만 잘 모르는 분야에 대해서 는 소홀히 하는 경향이 있다. 예컨대 엔지니어 출신의 경영자는 만드는 분야에 대해서는 잘 알지만 파는 부분과 전체적인 업무를 지원하고 관리하는 부분은 상대적으로 잘 알지 못한다. 때문에 필요한 업무나 인력을 빠뜨릴 위험이 있다. 또 CFO(최고재무책임자)나 판매 분야 출신 경영자는 물건을 만드는 분야를 상대적으로 소홀히 할 위험이 있다. 따라서 기획부터 생산, 판매까지의 전 과정에 필요한 인력계획을 수립하는 작업에는 각 분야의 책임자들이 참여할 필요가 있다. 만약 사업이 초기 단계여서 어느 분야에 대한 전문가가 회사 내에 없다면 외부 전문가를 활용하는 것이 필요하다.

생각보다 사람 뽑기가 힘들다

많은 경영자들은 훌륭한 인재를 채용하고 싶어 하고, 많은 취업 희망자들은 훌륭한 기업에 취업하고 싶어 한다. 어떤 사람이 훌륭한 인재고 어떤 기업이 훌륭한 기업이냐에 대한 판단은 서로 다르다. 중요시하는 점이 무엇이냐에 따라 서로 다른 판단을 내리기 때문이다. 그래서 사업 초기 단계에서는 유능한 인력을 확보하기가 쉽지 않다.

취업 희망자들은 직장의 중요성을 잘 알고 있다. 그래서 확인이 안 된 초기 사업체보다는 검증된 회사에 들어가기를 원한다. 따라서 사업을 시작하는 초기 단계에서는 좋은 인력을 채용하는 것이 쉽지 않다는 현실을 미리 감안해야 한다. 막연히 "비전이 좋으니 나를 믿고 같이 일하자."라는 말은 통하지 않는다. 이는 안이한 생각이다. 실질적으로 같이 일하고자 하는 취업 희망자들이 무엇을 원하고 있으며 어떻게 하면 원하는 바를 들어줄 수 있을지 고민해야 한다.

최대한 꼼꼼하게 그러나 빡빡하지 않게

흔히 시간은 돈이라고 한다. 사업에서는 시간이 돈보다 더 중요할지 모른다. 모든 물건은 때가 있기 때문이다. 때를 놓치면 다른 경쟁자가 이미 시장을 선점해 내가 들어갈 여지가 없을 수 있다. 앞에서 언급한 G사가 스크린골프시장을 장악한 이후에 스크린골프 사업에 진출한 사업자들은 그 벽을 넘지 못하고 고전하고 있다.

사업을 설계할 때는 물건 개발에 걸리는 시간, 개발된 물건을 양산하기 위한 시설이나 설비 등을 구축할 때까지 걸리는 시간, 공정테스트를 거쳐 제대로 된 물건을 생산할 때까지 걸리는 시간, 생산된 물건이 판매될 때까지의 시간, 판매대금이 회수될 때까지의 시간 등을 최대한 정확하게 분석하여 일정 계획을 수립하는 것이 필요하다.

사업을 하기 위해서는 돈이 필요하다. 그리고 어느 시점이라도 필요한 돈이 부족하면 더 이상 사업을 진행할 수 없다. 일정 계획이 중요한 것은 그 일정에 따라 필요한 자금을 준비하기 때문이다. 그런데 일정이 예상보다 지연되면 자금계획이 일그러지게 되어 결국 골대 앞에서 쓰러지는 경우가 발생한다.

일정 계획을 수립할 때 또 하나 염두에 두어야 할 점은 돌발상황이다. 예기치 못한 상황은 언제라도 발생할 수 있다. 그러면 일정이 계획보다 지연될 것이다. 나 혼자 모든 일을 하는 경우에도 당초 계획대로 하기 힘든 것이 현실이다. 하물며 회사 내부적으로 나 이외에도 여러 분야의 사람이 관여하고 외부적으로도 많은 사람이 관계하게 되는 사업에서는 뜻대로 다 되는 경우가 드물다. 따라서 일정 계획 수립 시에는 계획 당시 예상치 못했던 장애가 발생하는 것이 일반적임을 감안하여 어느 정도 예비 시간을 반영해야 한다.

들어가는 돈을 정확히 계산하라

일정 계획을 수립한 후에는 무엇을 해야 할까? 시간 다음은 돈이다. 돈이 얼마나 필요한지를 파악해야 한다. 사업은 돈을 벌기 위한 것이고 돈을 벌기 위해서는 투자가 필요하다. 아무리 좋은 사업이라도 그 사업을 실행하는 데 필요한 돈이 없다면 그저 공상에 그치고 말 것이다.

요즘에도 사업을 하려는 많은 사람들이 돈을 구하러 다닌다. 그중에는 이미 자기가 동원할 수 있는 자금을 다 동원하여 일정 단계까지 추진하고 있는 사람도 있고, 사업을 시작하기 전에 사업계획서를 가지고 투자자를 구하러 다니는 사람도 있다. 아직까지 사업을 시작하지 않고 투자자를 구하러 다니는 사람은 그래도 낫다. 혹시라도 구하지 못하면 안 하면 된다. 그러나 이미 자기가 동원할 수 있는 돈을 모두 쏟아 넣은 사람이 부족한 돈을 구하지 못해 그만두게 된다면 그는 이미 투자한 돈을 날리게 된다. 이러한 손해를 막기 위해서는 사업을 시작하기 전에 필요한 돈과 그 돈의 조달 계획을 확실히 해야 한다. 나아가 필요자금을 파악하는 일은 앞으로의 수익과도 연관된다. 사업에 필요한 돈이 10억 원인데, 10억 원을 투자해서 1년에 1,000만 원을 번다면 이건 할 필요가 없는 일이다. 사업에는 리스크가 따르기 마련이다. 안전한 금융기관에 맡기는 것보다 수익이 적다면 굳이 그 사업을 할 필요가 없다.

일정 계획과 마찬가지로 소요자금을 파악하는 단계에서도 여유를 가지고 생각해야 한다. 생각보다 덜 들면 좋을 것이다. 그러나 너무 빡빡하게 잡으면 예기치 못한 초과비용이 발생할 경우에 자금운용이 매우 어려워진다. 많은 사업자들이 괜찮은 물건을 본격적으로 시장에 내놓지도 못하고 문을 닫는 이유가 바로 여기에 있다. 만일 필요한 돈을 무한정 구할 수 있다면 아무런 문제가 되지 않을 것이다. 하지만 그런 경우는 거의 없다. 자금 계획 수립 시 상당량의 예비비를 미리 준비해야 한다.

자금 조달은 확실한 것만 반영하라

예비비를 포함하여 사업에 필요한 자금규모가 정해진 다음에는 그 자금을 어떻게 구할 것인지를 구체적으로 정해야 한다. 우선 자기가 가지고 있는 돈이 얼마인지 파악한다. 여기서 말하는 돈은 부동산이나 집에 있는 물건을 모두 포함한 개념이 아니다. 현금화할 수 있는 것만을 말한다. 부동산이나 물건의 경우에는 팔아서 현금화할 수 있는 것만 포함시키되, 현실적으로 현금화할 수 있는 시기와 가격을 면밀히 검토하여 반영해야 한다. 만일, 부동산 경기가 침체되어 잘 팔리지 않거나 팔더라도 시세보다 싸게 팔 수밖에 없다면 받을 수 있는 금액만 반영해야 한다. 가지고 있는 부동산은 많으나 팔려고 해도 팔리지 않아 결국 부도가 난 회사를 본 적이 있다.

현금화할 수 있는 자산을 파악할 때는 살아가는 데 필수적인 자산은 제외하는 것이 좋다. 물론 자신의 사업이 망할 것이라고 생각하는 사람은 없을 것이다. 그러나 세상에 100% 성공하는 사업은 없다. 혹시 실패하더라도 사랑하는 가족은 살아갈 수 있어야 하지 않겠는가.

그다음 할 일은 다른 사람으로부터 투자를 받거나 빌릴 수 있는 돈이 얼마나 되는지를 파악하는 것이다. 다시 말하지만 사업하는 사람은 희망을 넘어 확신을 가지고 있기 때문에 다른 사람도 당연히 자기 계획에 동의할 것이라고 믿는다. 그러나 다른 사람의 돈을 투자받기는 정말 어렵다. 벤처 붐이 한창일 때는 그래도 좀 나았다. 그 당시에는 유명 대학을 나온 박사 출신이 관여하는 벤처회사라고 하면 많은 벤처캐피털들이 앞다투어 투자를 했고 개인 위주의 에인절 투자자도 이에 가세했다. 그러나 그 많았던 벤처기업 중 성공한 기업은 얼마 되지 않는다.

대출을 받으려고 할 때도 그렇다. 가끔 자기가 가지고 있는 부동산가액만큼은 은행에서 대출해줄 것이라고 생각하는 사람들이 있다. 그러나 은행에서는 단순히 담보만 보고 원하는 금액을 대출해주는 것이 아니고, 담보 이외에 돈을 빌리려는 사람의 신용도나 사업성을 면밀히 검토하여 대출 여부와 금액을 결정하게 된다. 특히 담보대출금액을 산정할 때는 물건 가격이 아니라 그 물건을 통해 회수할 금액을 기준으로 판단한다. 이런 구조 때문에 1억 원짜리 부동산을 가지고 5,000만 원도 못 받는 상황이 발생하는 것이다. 은행 입장에서는 대출해준 회사가 망한 경우 담보부동산을 경매절차에 따라 처분하여 회수하게 되는데, 부동산의 종류에 따라 감정가격 대비 경락금액이 많이 떨어지는 것이 현실이다. 담보로 잡았음에도 불구하고 대출채권에 우선하는 근로자의 임금채권이나 임차보증금 등 법에서 정해놓은 우선채권을 빼다보면 실제 회수할 수 있는 금액이 적어지는 것이다. 따라서 은행에서 돈을 빌려 사업에 충당할 계획이면 미리 은행에 대출 가능 여부와 대출 가능 금액을 확인한 후 자금 계획에 반영하여야 한다.

빌리기 VS 투자받기

여기서 기분 좋은 상상을 하나 해보자. 남의 돈을 투자받거나 빌리기 힘든 상황에서 누군가 내 사업에 돈을 넣을 의향이 있다면 투자를 받는 것이 좋을까, 빌리는 것이 좋을까? 요즘은 투자라 해도 이자와 원금을 상환받는 혼합구조도 많다. 그러나 기본적으로 투자는 이자를 주지 않고 원금을 갚지 않는 대신 이익을 분할하고 때에 따라서는 경영에도 일부 관여하게 되는 것이다.

빌리는 것은 이익이 나지 않아도 정해진 이자를 주고 원금을 갚는 것이다. 물론 이 경우에는 차후에 이익을 나누지 않아도 된다. 원금과 이자를 합한 금액보다 훨씬 많이 벌 수도 있다. 하지만 여기에는 한 가지 전제가 있다. 누릴 수 있는 이익이 많아야 한다는 것이다. 그렇지 못하면 이자와 원금에 허덕일 것이다.

투자를 받으면 실패할 경우에 당하는 어려움을 줄일 수 있다. 개인적으로는 잘되었을 경우에 이익을 상당 부분 투자자와 나누더라도 빌리는 것보다는 투자를 받는 것이 보다 편안하게 사업을 할 수 있는 방법이라고 생각한다.

투자받을 때 주의해야 할 것이 있다. 첫째, 가급적 개인보다는 투자업무를 잘 아는 기관이나 법인으로부터 투자받도록 하자. 기본적으로 투자는 투자자가 투자할 회사의 사업성을 면밀히 검토하여 승산이 있다고 판단할 때 하게 된다. 그런데 투자전문가가 아닌 개인은 아무래도 사업성보다는 사업가와의 관계에 근거하여 투자하는 경우가 많다. 더욱이 대출이 아닌 투자를 했음에도 불구하고 자기 돈을 날리게 되면 돌려달라고 하기 쉽다. 벤처 붐이 한창일 때 장외시장에서 벤처기업 주식을 비싸게 산 에인절 투자자들이 손해를 보게 되자 물어내라며 벤처기업가들을 쫓아다닌 일이 있었다.

둘째, 기관투자가라 하더라도 투자 조건을 면밀히 살펴보아야 한다. 주식환매조항을 예로 들어보자. 기관투자가들은 투자한 회사의 주식이 상장되면 팔아서 돈을 벌려고 하는 것이 일반적이다. 그래서 일정 기간 내에 상장할 것을 조건으로 하는 경우가 많다. 만일 정해진 기한 내에 상장하지 못하면 대주주가 일정 이자를 더해 투자 주식을 사가도록 한다. 물론 다른 사람의 투자를 받은 사업가는 열심히 일해야 한다. 그러나 열심히 일한다고 모든 기업이 다 상장할 수 있는 것은 아니다. 상장하지 못하면 대주주가 개인적인 책임을 질 수도 있으니 투자 조건을 면밀히 검토해야 한다.

내 통장에 들어와야 돈이다

필요한 돈을 계산할 때 고민해야 할 또 하나는 매출을 통한 자금 조달에 관한 것이다. 여기서 중요한 것은 매출이 발생하는 시점과 매출 규모, 그리고 판매대금 회수 시기다. 만일 사업 시작 6개월 후 매달 1억 원씩 매출이 발생할 것이라고 예측했는데 매출이 일어나지 않거나 구입자가 돈을 안 주면 어떻게 될까?

사업에 있어 돈은 한시라도 없으면 안 되는 피 같은 존재다. 잠시라도 피가 돌지 않으면 생명에 지장이 생기듯 한시라도 돈이 돌지 않으면 회사는 망한다. 매출을 자금에 반영할 경우, 매출 시점을 가급적 여유 있게 잡고, 구매자의 대금 결제 시기를 파악하여 정확히 반영하는 것이 필요하다. 특히 자금 계획을 세울 때 월별로 세우거나 심지어는 연도별로 세우는 경우가 있는데 월말이나 연말에 대금이 회수된다면 1일부터 말일 전까지(연도별인 경우에는 1월부터 12월 말일 전까지)는 무슨 돈으로 회사를 운영할 것인가? 따라서 사업 초기에는 가급적 매일 자금 계획을 잡는 것이 좋다. 만일 사업의 특성상 매일 계획하는 것이 비현실적이라면 월말이나 연말에 들어올 자금만큼은 미리 확보해놓는 것이 안전하다.

세상엔
피해야 할 것이 있다

삼성과 애플의 특허전쟁

좋은 물건을 만들 수 있고, 만들어서 파는 능력까지 모두 갖추었더라도 해서는 안 되는 것이 있다. 하지 말아야 할 것을 하면 돈을 벌기는커녕 잡혀가는 경우까지 생긴다. 사업을 시작하기 전에 혹시 해서는 안 되는 일인지, 설령 된다고 하더라도 커다란 문제를 발생시킬 제약조건은 없는지 살펴야 한다.

삼성과 애플 간의 특허분쟁이 한창이다. 삼성도 그렇고 애플도 그렇고, 갤럭시나 아이폰을 만들어 파는 데 필요한 능력은 모두 갖추고 있다. 그러나 애플은 삼성이 자기 특허를 침해했다며 갤럭시 등에 대한 소송을 제기하고, 반대로 삼성은 애플이 자기 특허를 침해했다면서 아이폰 등에 대한 소송을 제기하고 있다. 만약 어느 한쪽이 특허소송에서 패배

하면 해당 기업은 특허침해로 판정된 제품을 팔 수 없게 된다. 그럼 판매 경쟁에서 결정적인 열위에 놓이고 만다. 언론 보도에 따르면 글로벌 스마트폰시장 판매실적은 삼성전자가 2011년 3분기에 애플을 제쳤으나 4분기에는 애플이 아이폰4S 출시에 힘입어 삼성전자를 다시 눌렀다. 연간 실적에서는 삼성전자가 9,750만 대(시장점유율 19.9%), 애플이 9,300만 대(시장점유율 19.0%)로 추정되어 1위 다툼이 치열한 상황이다. 그렇다면 특허소송에서의 승패 여부는 스마트폰 사업의 사활이 걸린 문제가 될 것이다.

대기업의 일이라 남의 일 같아 보일 수도 있다. 하지만 공들여 만든 내 물건이 다른 사람의 특허 등 지적재산권을 침해한다면 그 손해를 배상하고 해당 특허를 확보하는 데 엄청난 돈이 들어갈 수 있다. 미리 준비해야 한다. 내 물건이 혹시 다른 사람의 특허를 침해하지는 않는지, 침해한다면 지적재산권을 확보하는 데 있어 비용이 얼마나 들 것인지 미리 판단해야 한다.

특허괴물

우리가 사용하는 핸드폰 가격에는 국내 제조사가 원천기술사인 미국 퀄컴에 지급하는 로열티가 포함되어 있다. 핸드폰이 팔리면 팔릴수록 퀄컴은 앉은자리에서 1년에 수천억 원씩을 벌어들이는 것이다. 그래도 이 회사는 상대적으로 착하다. 아예 개인 또는 기업으로부터 특허기술을 사들여 특허권 또는 지식재산권만을 집중적으로 보유함으로써 돈을 버는 회사도 있으니 말이다.

이런 회사의 돈 버는 방법은 두 가지다. 첫째는 자사 기술을 사용하는 회사로부터 로열티를 받는 방법이다. 하지만 또 다른 방법으로 특허권을 침해한 기업에게 소송을 제기함으로써 막대한 이익을 보기도 한다. 오죽하면 이런 회사들을 특허괴물 또는 특허 파파라치라 부르겠는가? 물론 글로벌 특허괴물이 여러분을 쳐다볼 가능성은 많지 않다. 그들의 주요 타깃은 자기가 특허를 산 가격보다 훨씬 많은 손해배상금을 지급할 능력이 있는 큰 회사들이기 때문이다. 그러나 내가 돈을 벌기만 하면 자신의 특허를 침해했다고 주장하는 이들이 우르르 몰려들 수 있다. 가장 좋은 방법은 아예 처음부터 특허를 침해하지 않는 것이다.

특허는 없는데

특허 등 지적재산권은 없는데 특허침해와 비슷한 장애가 발생하는 경우도 있다. 한 신규업체가 기존에 홈쇼핑에서 팔리고 있는 다른 회사 물건과 유사한 물건을 만들어 홈쇼핑을 통해 판매했다. 그런데 기존 업체로부터 항의를 받게 되자 급기야 홈쇼핑 판매를 중단할 수밖에 없었다. 물건을 만들기 전에 기존 물건에 대해 특허 등 지적재산권이 있는지 조사했고, 조사 결과 그 물건에 대한 특허는 미국에만 등록이 되어 있고 국내에는 아무런 지적재산권이 등록되어 있지 않았다. 회사는 문제가 없다는 결론을 내리고 그 사업을 시작했다. 그런데 홈쇼핑을 통해 물건이 어느 정도 팔리기 시작하자 기존 물건을 만드는 미국 본사와 국내 판권을 가진 국내 판매회사가 특허 등 지적재산권 침해 문제를 제기한 것이다.

홈쇼핑회사는 신규업체에게 지적재산권 문제가 해결될 때까지 홈쇼핑 판매시간을 배정하지 않겠다고 통보했다. 특허 등 지적재산권이 등록되어 있지 않아 문제가 없다고 해도 분쟁에 휘말리는 것 자체가 싫은 것이다. 이렇게 특허가 없어도 특허침해와 유사한 장애가 발생할 수 있다.

하지 말라면 안 하는 게 좋다

아무리 돈을 많이 벌 수 있는 사업이라도 법으로 금지한 사업을 하면 안 된다. 이 문제는 돈을 벌고 안 벌고의 문제가 아니다. 위반할 경우 처벌의 대상이 된다는 점에서 더욱 주의해야 한다.

우리는 하루에도 몇 번씩 불법도박과 관련된 스팸문자와 스팸메일을 받는다. 누가 불법도박장을 개설하여 많은 돈을 벌었다거나 유명인이 불법도박을 한 혐의로 처벌되었다는 소식을 접하기도 한다. 스팸문자나 스팸메일을 보고 불법도박을 할 사람이 대체 어디 있을까 싶은데, 한쪽에서는 불법도박사이트로 번 수십억 원을 땅에 묻었다가 발각되었다는 이야기가 들린다. 그 사업이 돈을 버는 사업은 맞는 모양이다. 특히 요즘처럼 인터넷과 컴퓨터, 스마트폰 등으로 기술이 발달한 시점에서는 그리 어렵지 않게 불법도박장을 개설할 수 있다. 로또나 각종 복권, 법에 따라 영업허가를 받은 강원랜드가 버는 돈(2010년 매출액 1조 3,136억 원, 매출 총이익 8,195억 원)을 생각하면 사업성이 좋아 보이기도 한다.

그러나 우리나라에서는 건전한 국민생활을 해치는 지나친 사행심의 유발을 방지하고 선량한 풍속을 유지하기 위하여 도박을 포함한 사행행위를 규제하고 있다. 즉, 사행행위 영업을 하기 위해서는 영업의 종류별로 법규에서 정하는 시설 및 사행기구를 갖추고 유지 · 관리하여야 하며, 지방경찰청이나 경찰청의 허가를 받아야 한다. 경찰청장이나 지방경찰청장도 공공복리의 증진을 위하여 특별히 필요하다고 인정되는 경우, 상품을 판매 · 선전하기 위하여 특별히 필요하다고 인정되는 경우, 관광 진흥과 관광객 유치를 위하여 특별히 필요하다고 인정되는 경우에만 허가를 내줄 수 있다. 따라서 아무리 돈을 벌 수 있다 해도 특정 목적을 위하여 허가를 받지 못하면 해서는 안 될 일이다.

만일 허가를 받지 않고 사행행위 영업을 하게 되면 5년 이하의 징역 또는 5,000만 원 이하의 벌금에 처해질 뿐만 아니라 사행행위 영업으로 번 돈도 몰수당할 수 있다.

법도 변할 수 있다

요즘 대부분의 자동차에는 내비게이션이 달려 있다. 내비게이션 전문 업체 팅크웨어의 감사를 맡은 관계로 나는 아주 오래 전부터 내비게이션을 사용하고 있다. 내비게이션은 참 편리하다. 전국 어디든지 명칭이나 주소를 입력하면 가는 길을 알려준다. 내비게이션이 없던 시대에는 조수석에 앉은 사람의 주요 역할이 보험회사에서 나눠준 지도책을 보며 방향을 알려주는 일이었다. 그런데 이제는 어디서도 지도책을 나누어주지 않는다. 아니, 나누어줄 필요가 없어졌다. 그만큼 내비게이션이 보편화되었다.

내비게이션의 주요 역할은 길 안내다. 그러나 우리는 고속도로처럼 이미 알고 있는 길에서도 내비게이션을 켜둔다. 과속 단속 카메라를 피할 수 있기 때문이다. 제한속도보다 빨리 달리면 경고음이 나오고, 과속 단속 장비의 위치도 알려준다.

내비게이션이 나오기 전에 단속 카메라 설치 지점을 알려주는 기계를 팔다가 잡힌 사람들이 있었다. 단속 카메라 근처 안 보이는 곳에 일일이 손으로 금속 등을 숨겨놓고, 그 금속에 가까이 가면 경고음을 내는 기계를 만들어 판 것이다. 그 기계는 도로교통법에서 불법부착장치로 규정하고 있는 속도측정기기 탐지용 장치에 해당되었다. 내비게이션도 '속도측정기기 탐지용 장치 그 밖에 교통 단속용 장비의 기능을 방해하는 장치'에 해당되지 않느냐는 논란이 있었다. 그러나 2008년 6월 20일 도로교통법 시행규칙이 개정되면서 속도측정기기 탐지용 장치를 부착하는 것이 허용되기 시작하였다.

이렇게 사회변화에 따라 불법이었던 것이 합법이 되고, 합법이었던 것이 불법이 되는 경우가 있다. 변하는 것이 많아 다 따라잡을 수가 없다. 그렇지만 내 사업과 관련된 것이라면 제도 변경 여부를 끝까지 따라잡아야 한다. 법은 몰랐다고 봐주지 않는다.

담배 없는 편의점

금연이 대세다. 그래도 담배 피우는 사람들은 아직 많다. 그중 한 사람인 나는 주로 편의점에서 담배를 산다. 담배는 대형마트에 가도 가격이 똑같기 때문에 그때그때 가까운 편의점이나 슈퍼마켓에서 사게 된다. 그런데 어떤 편의점에서는 담배를 팔지 않는다. 왜일까? 우리나라 국민들의 건강을 위해 편의점 주인이 안 팔기로 한 것일까?

아니다. 담배소매업 허가를 받지 못했기 때문이다. 담배소매업을 하고자 하는 자는 사업장의 소재지를 관할하는 시장·군수·구청장으로부터 소매인 지정을 받아야 한다. 만일 소매인 지정을 받지 않고 직접 소비자에게 담배를 팔면 200만 원 이하의 과태료를 물어야 한다. 전에는 음식점에서 담배가 떨어지면 주인에게 담배 있느냐고 물어보는 사람들이 있었다. 그래서 서비스 차원에서 담배를 사두었다가 단골손님들에게 담배를 파는 사례도 있었다. 그러나 지금은 음식점에서 담배를 팔다가 걸리면 과태료를 물어야 한다. 그런데 담배 가게에 대해서는 일정한 거리 제한이 있다. 50미터 이상 거리를 유지하도록 규정되어 있어 50미터 이내에 담배 가게가 있으면 담배 가게 허가를 내주지 않는다.

만일 편의점이나 슈퍼마켓을 내려고 한다면 50미터 이내에 담배 가게가 있는지, 아니면 다른 요건에 따라 소매인 지정을 받을 수 있는지 살펴보아야 한다. 물론 담배를 안 판다고 해서 다른 물건을 못 파는 것은 아니다. 그러나 담배는 다른 상품을 구매하도록 하는 주요 매개 상품이 된다. 게다가 흡연자들은 편의점이나 슈퍼마켓에서 담배를 파는 것을 당연하게 생각한다. 아무래도 매출에 영향을 받게 될 것이다.

공인중개사 사무소, 아무나 못한다

도박이 불법이라는 것은 상식적으로 알 수 있다. 그러나 업종별로 자세히 살펴보지 않으면 불법인지 아닌지를 알 수 없는 경우도 많다. 예컨대 의사, 한의사, 변호사, 공인중개사 등은 국가에서 인정한 특정 자격을 갖추지 못하면 할 수 없는 사업이다.

특정 제품은 식품의약품안전청의 허가나 품질경영 및 공산품안전관리법에 의해 안전인증을 받아야 하는 등 법규로 정해놓은 절차를 거쳐야 하는 경우도 있다. 예컨대 안전인증 대상 공산품 제조업자 또는 수입업자는 지식경제부령으로 정하는 바에 따라 안전인증기관으로부터 안전인증을 받아야 하며, 안전인증을 받지 않은 경우에는 그 제품을 판매할 수 없다. 만일 이러한 법규를 모르고 사업을 시작했다면 시·도지사로부터 판매 중지 명령을 받게 되며, 나아가 3년 이하의 징역이나 3,000만 원 이하의 벌금에 처해질 수 있다. 사업을 시작하기 전에 내가 하고자 하는 사업의 법적 제약요건을 반드시 파악해야 한다.

남의 단골, 나에겐?

요즘 스크린골프를 치는 사람들이 꽤 많다. 그런데 80%가 넘는 스크린골프 이용자들이 G사의 시스템이 깔린 스크린골프장으로 간다. G사와 다른 사업자의 시스템 중 어느 것이 좋고 나쁜지는 모른다. 다만 G사의 점유율은 해마다 높아지고 있다. 이는 스크린골프 이용자들이 용감하게 다른 회사의 시스템을 사용하기보다 기존에 익숙해져 있는 G사의 시스템을 이용하고 있음을 반증한다.

우리 소비자들은 기존에 쓰고 있던 물건을 쉽게 바꾸지 않는 경향이 있다. 이러한 경향을 간과하면 실패할 확률이 높다. 내가 만든 물건이 기존 물건에 비해 품질이나 가격 면에서 좋기 때문에 한 번 사용하기만 하면 무조건 바꿀 것이라는 희망은 그저 희망일 뿐이다. 그 첫 번째 이유는 소비자가 내 물건을 한 번 쓰게 하는 것도 매우 힘들기 때문이다. 그래도 이러한 난관을 돌파하고 소비자가 내 물건을 사용했다고 가정하자. 그렇다고 무조건 바꿀까? 그렇지 않다. 기존 물건에 대해 오랜 경험과 신뢰를 가지고 있는 소비자는 새로운 물건을 사용함으로써 얻게 되는 이익보다 기존 물건을 새것으로 교체하기 위하여 추가로 들여야 할 노력과 그로 인해 생길지도 모르는 리스크를 더 크게 생각한다.

새로운 사업을 시작하기 전에 기존 물건에 대한 소비자들의 로열티가 어느 정도인지 파악해야 한다. 그리고 이를 극복할 방법이 있는지, 극복하기 위해서는 얼마만큼의 비용이나 시간이 소요될 것인지를 반드시 고려해야 한다.

구매담당자의 입장을 이해하라

소비자의 이런 행동 패턴은 비교적 규모가 큰 기업을 상대로 물건을 파는 경우에 보다 극명히 드러난다. 큰 기업은 오너가 모든 의사결정을 할 수 없다. 때문에 구매담당자가 새로운 물건으로 변경할지 말지를 결정하게 된다. 그런데 구매담당자는 앞으로도 계속 직장생활을 해야 하기 때문에 책임질 일은 하기 싫어한다. 이제까지 구매해왔던 물건을 계속 구매하면 책임질 일이 없을 텐데, 기존 물건을 새로운 물건으로 바꾸어 구매하였다가 잘못되면 책임을 질 리스크가 생긴다. 이러한 구매담당자의 심리 때문에도 처음 물건을 팔기가 힘들다.

이미 사업을 해본 사람들은 새로운 물건을 제안받은 구매담당자들이 다른 곳에 팔았던 내역을 요구하는 경우를 많이 보았을 것이다. 새로운 물건으로 바꿀 경우 알 만한 기업들이 이미 구매하여 사용하는 것을 보고 구매하였다고 하면 변경 구매에 대한 책임을 덜 수 있기 때문이다. 따라서 큰 기업에 물건을 팔고 싶으면 본인이 가지고 있는 모든 네트워크와 능력을 활용하여 알 만한 기업 하나에 집중해야 한다. 내 물건을 진심으로 평가하고 그 가치를 인정하여 구매할 수 있도록 해야 다른 기업에서도 내 물건을 사줄 것이다. 물건이 좋으니까 사달라고 조르며 안 사주면 돌아서서 불평을 토로하는 것은 생산적이지 않다. 구매담당자가 조금이라도 마음 편하게 우리 물건을 사줄 수 있는 환경을 만들어주는 것이 필요하다.

대기업 빵집 철수, 왜?

최근 대기업들의 골목상권 침해 논란이 불거지면서 관련 기업들의 사업 포기 선언이 잇따르고 있다. 삼성과 현대차, 롯데 등의 제빵 사업 철수에 이어 두산그룹이 계열사를 통해 운영하던 커피전문점 사업을 접기로 했고, 범LG가(家)의 식품회사인 아워홈이 순대·청국장 사업을 철수하겠다고 발표했다.

대기업들은 왜 이러한 사업에서 철수를 결정했을까? 사실 대기업은 그들이 가지고 있는 브랜드와 기존 인프라를 활용하여 SSM(기업형 슈퍼마켓)을 시작으로 제과·제빵, 떡볶이, 순대 등의 서민형 업종 진출을 확대해왔으며 사업 성과 또한 나쁘지 않았던 듯하다. 그러나 이러한 대기업의 서민형 업종 진출은 영세 자영업자의 생계를 위협하고 삶의 터전을 잠식, 사회 양극화를 심화시켰다는 비판을 받게 되었다.

게임 산업도 매를 맞고 있다. 게임 산업이 속해 있는 국내 콘텐츠 산업은 2011년 총 매출액이 전년 대비 14.6% 증가한 82조 6,146억 원이며, 수출액도 전년 대비 28.9% 증가한 42억 5,900만 달러에 달할 정도로 성장했다. 특히 게임 산업은 전체 콘텐츠 산업 수출액의 53%(22억 1,100만 달러)를 차지할 만큼 효자 산업으로 성장했다(문화체육관광부 발표 '콘텐츠 산업 2011년 결산 및 2012년 전망').

그러나 게임 산업은 사회적으로 큰 문제가 되고 있는 학교폭력의 원인 중 하나로 거론되고 있다. 게임중독으로 인한 각종 부작용도 사회문제가 되면서 게임 산업은 비판 여론의 화살을 맞게 되었다. 결국 16세 미만 청소년에게 오전 0~6시, 심야 여섯 시간 동안 인터넷게임 제공을 제한한다는 내용을 골자로 한 셧다운(shutdown)제가 도입되기에 이르렀다. 이는 실제 게임 산업에 제약을 주게 되었다.

사회여론은 법규화되기 전에도 사실상 사업의 제약조건이 될 수 있다. 결과적으로는 강제성을 갖는 법적 제약요건으로 확대될 수 있는 것이다. 자기가 하려는 사업에 법적 제한이 없다 하여도 여론의 제약을 받을 가능성은 없는지 미리 살펴야 하겠다.

할 수 있어야 성공할 수 있다

1. 가슴에 손을 얹고 할 수 있는가

· 물건을 만드는 데 필요한 기술, 원재료 등에 대한 리스트를 작성하고 현재 확보된 것과 아직 확보하지 못한 것을 분류하여 정리하라.

· 확보하지 못한 부분에 대하여는 언제까지 어떻게 확보할 수 있는지를 구체적으로 파악하고 실제 확보 가능한지를 확인하라.

· 아무리 사소한 것이라도 무시하지 말고 꼼꼼히 챙겨라.

· 만들 수 있는지에 대한 판단은 실제 물건을 양산할 수 있는지에 대한 판단이다.

· 기술적으로 만들 수 있다 해도 상품성이 없다면 사업적인 면에서는 못 만드는 것과 같다.

· 유사한 물건이라도 위치 등 주변 여건에 따라 상품성이 달라진다.

· 완벽도 좋지만 때를 놓치면 시장을 뺏긴다.

· 사업 핵심요소를 확보하라. 오너가 핵심역량을 가지고 있지 않다면 지속적으로 확보할 수 있는 방안을 마련하라.

· 내 것이 아니면 표준화하라.

· 핵심요소를 의존할 수밖에 없는 사업은 시작하지 마라.

· 무엇보다도 잘 모르는 것은 스스로 잘 알 때까지 안 하는 것이 좋다.

2. 사람과 돈

· 하고자 하는 사업의 종류와 규모에 맞추어 적정한 인력과 조직을 갖추어라.

· 사업을 원활히 수행하기 위해 해야 할 일들과 그 일의 규모를 파악하라.

· 잘 모르는 분야에 대해서는 소홀히 하는 우를 범하지 말고 자신 없으면 전문가를 활용하라.

· 사업 초기 단계에는 좋은 인력을 채용하는 것이 쉽지 않다.

· 일정 계획 수립 시에는 어느 정도 예비 시간을 반영하라.

· 사업 시작 전에 필요자금과 자금 조달 계획을 확실히 하라.

· 만약의 사태에 대비하여 상당량의 예비비를 미리 준비하라.

- 부동산이나 물건의 경우에는 현실적으로 현금화할 수 있는 시기와 가격을 면밀히 검토하여 반영하라.
- 사랑하는 가족이 살아가는 데 필수적으로 필요한 자산은 따로 떼어놓자.
- 은행에서 돈을 빌려 사업에 충당할 계획이면 대출 가능 여부와 대출 가능 금액을 미리 확인하라. 집값만큼 대출받을 수 있는 것이 아니다.
- 사업이 잘되었을 경우에 이익을 상당 부분 나누어주게 되더라도 빌리는 것보다는 투자를 받는 것을 우선 고려하자.
- 투자는 개인보다 기관이나 법인으로부터 받도록 하자.
- 투자를 받을 경우, 투자 조건을 면밀히 살펴보라. 모르면 전문가에게 물어본다.
- 내 통장에 들어와야 내 돈이다.
- 가급적 일일 자금 계획을 수립하라. 일일 계획이 어려우면 월말이나 연말에 들어올 자금만큼은 미리 예비비로 확보해놓는 것이 안전하다.

3. 세상엔 피해야 할 것이 있다

- 불법인지 아닌지를 살펴라.
- 다른 사람의 특허를 침해하지 않는지, 침해한다면 지적재산권을 확보하는 데 소요되는 비용이 얼마나 들 것인지 미리 살펴본다.
- 형식적으로는 특허 등 지적재산권 침해에 해당되지 않더라도 기존에 유사한 제품이 먼저 출시되어 있다면 특허침해와 비슷한 장애가 발생할 수 있다.
- 업종에 따라 특정 자격증이 있어야 하거나 특정 허가, 인증을 요구하는 경우가 있으므로 사전에 하고자 하는 업종에 필요한 것을 반드시 확인하라.
- 제도와 법은 변한다. 내 사업과 관련된 것이라면 끝까지 제도 변경 여부를 따라잡아야 한다. 몰랐다고 해도 봐주지 않는다.
- 소비자들은 기존에 쓰고 있던 물건을 쉽게 바꾸지 않는 경향이 있다. 남의 단골이 나에겐 커다란 장애가 될 수 있다는 것을 기억하라.
- 기업의 구매담당자는 책임에 대한 위험 부담 때문에 새로운 물건 구입을 꺼린다. 구매담당자에게 조금이라도 마음 편하게 우리 물건을 살 수 있는 환경을 만들어준다.

나이가 들수록 필요한 것

내 차에는 작고한 코미디언 김형곤 씨의 스탠딩코미디 녹음 CD가 있다. 이동 시간이 한 시간 이상 걸리는 경우에 동승한 사람들을 위해 틀어주는데 거의 모든 사람이 CD에서 나오는 이야기에 동감한다. 그중 남자가 나이 들수록 필요한 일곱 가지에 관한 이야기가 있다. 순서는 잘 기억나지 않지만 할 일, 건강, 돈, 취미, 친구, 와이프 등이었다. 다른 것도 그렇지만, 특히 취미와 친구가 마음에 와 닿았다. 50대 전후의 우리야 아직은 젊으니 직장에 다니거나 무슨 일이라도 하려 하겠지만 언젠가는 은퇴하게 될 것이다. 은퇴 후에는 무엇을 할 것인가? 놀아야 한다. 그동안 고생했으니 정말 재미있게 놀아야 한다. 그런데 뭘 하고 놀 것인가? 누구하고 놀 것인가?

놀 거리가 적어도 몇 가지는 있어야 한다. 등산을 좋아한다고 매일 산에만 다닐 수는 없는 일이다. 골프를 좋아한다고 매일 골프만 치는 것도 늘 재미있지만은 않을 것이다. 그런데 놀 거리보다 더 중요한 것은 같이 놀 친구다. 누군가의 말을 빌리면 사람이 만날 때마다 반가우려면 2개월 간격으로 만나는 것이 좋단다. 일주일에 한 번만 친구를 만난다고 해도 두 달에 한 번을 만나려면 적어도 여덟 팀 정도의 친구들이 있어야 한다는 말이 된다. 지금 여러분의 주위를 돌아보라. 언제라도 전화하면 같이 놀아줄 친구가 몇이나 되는지. 만일 별로 없다면 지금부터라도 만들어야 한다. 일과 관계된 사람만 만나왔다면 이제부터라도 그냥 아무 생각 없이 같이 놀 수 있는 친구를 만들어야 한다. 더 지나서 60세가 훌쩍 넘어버리면 새로운 친구를 사귀는 것이 어렵다고들 한다.

그리고 더 중요한 것은 지금까지의 친구들을 아끼는 것이다. 남자에게도 갱년기가 있다. 그래서 그런지 50세 전후가 되면 '호모상처스'가 된다. 예전 같으면 그냥 넘겨버렸을 친구의 말 한마디에 상처를 받고, 그 때문에 싸우는 일이 잦아진다. 급기야는 '내가 피곤하게 왜 저 친구를 만나야 하나.' 하고 생각하게 된다. 그러나 다시 생각하자. 친구 하나 만들기가 얼마나 어려운데, 그나마 있는 친구를 버려서야 되겠는가? 이제까지 같이 살아온 바로 그 친구다. 단지 호모상처스가 되어서 예전처럼 내 말을 편하게 받아주지 못할 뿐이다. 그런 친구를 이해하고, 친구가 갑자기 싫어하는 말이나 행동이 있으면 하지 말자. 죽을 때까지 같이 놀아야 할 소중한 친구다.

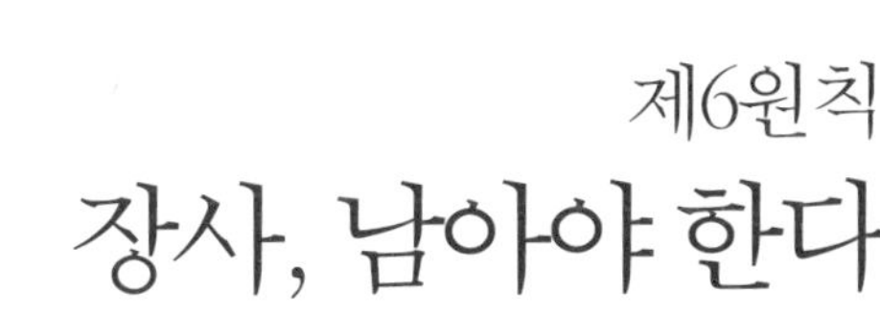

제6원칙
장사, 남아야 한다

집사광익(集思廣益)

생각을 모아 이익을 더한다.
장사는 냉철하고 지혜로워야 한다.
많은 것을 계산하고 생각할 때,
비로소 내가 원하는 장사를 할 수 있다.

앞으로 남고
뒤로 밑질라

직장인과 사업가

예전에 컨설팅 사업을 할 때의 이야기다. 그때 우리 회사는 각자가 얼마를 벌든지 간에 사무실 운영비와 기타 비용을 균등하게 부담했다. 그리고 나머지는 자신이 번 만큼 가져갔다. 그러다보니 일이 많은 사람은 많이 벌지만, 일이 없는 사람은 오히려 공동경비를 자기 주머니에서 꺼내야 하는 경우도 생겼다. 직장인과 똑같이 매일 아침 출근하고 저녁에 퇴근하면서, 누구는 돈을 가져가고 누구는 오히려 돈을 내놓아야 하는 것이다.

직장인과 사업가는 근본적으로 다르다. 직장인은 업무에 상관없이 출퇴근하는 것 자체에 대한 대가로 월급을 받는다. 회사가 돈을 벌든 못 벌든 상관없다. 물론 회사 성과에 따라 차이는 있겠지만, 근본적으로 월급을 받는다는 구조는 동일하다. 대신 회사 성과가 커지더라도 정해진 만큼의 급여만 받는다. 그러나 사업가는 완전히 다르다. 돈을 못 벌면 월급을 받아가기는커녕 회사 운영에 필요한 돈을 구해야 한다. 대신 돈을 잘 버는 구조를 만들어놓으면, 놀러 다니면서도 회사 돈을 가져갈 수 있다. 많이 벌면 버는 만큼 다 가져갈 수도 있다.

밤낮을 가리지 않고 열심히 일하면서도 돈을 벌기는커녕 손해를 볼 수 있다는 사실을 진심으로 받아들일 수 있는가? 그럴 자신이 없다면 사업을 아예 안 하는 것이 좋다. 사업가는 직장인과 다르다. 사업가는 꿈을 이루는 그날을 위하여 언제 어떻게 될지 모르는 긴장의 하루하루를 살아가야 한다. 그러면서 자신의 돈을 쏟아부어야 할 수도 있다. 돈 잘 버는 회사의 오너보다 오히려 월급쟁이 사장이 더 낫다는 소리, 농담이 아니라 뼈가 있는 말이다.

앞으로 남고 뒤로 밑진다

우리 부모님은 내가 다니던 학교 근처인 신림동에서 한동안 슈퍼를 하셨다. 요즘 편의점처럼 여러 가지 잡화뿐만 아니라 담배도 팔고 여름에는 가락시장에서 떼어온 과일도 팔았다. 어느 여름이었다. 아버지께서 그해 처음으로 수박을 열 통도 넘게 사오셨다. 정확한 가격은 기억이 안 나지만 대략 5,000원에 샀다면 8,000원 정도에 파신 것 같다. 그런데 처음이라 그런지 반 이상이 남았다. 한 개 팔 때마다 3,000원씩을 벌지만 팔지 못한 수박이 많아 결국 손해를 보게 되었다.

이런 예는 프랜차이즈 제과점에서도 찾을 수 있다. 어느 제과점의 월 매출액이 3,000만 원이라고 치자. 하루에 빵을 100만 원 정도 팔면, 재료비를 제하고 1,300만 원 정도를 손에 쥐게 된다. 꽤 괜찮은 장사인 것 같다. 그런데 사실은 그렇지가 않다. 인건비 월 680만 원과 임대료 및 관리비 월 360만 원에 기타 비용 125만 원을 빼고 나면 달랑 135만 원이 남을 뿐이다. 2억 넘는 돈을 들여 겨우 135만 원을 버는 것이다. 그래도 여기서 끝이면 다행이다. 들어간 투자비는 어쩔 것인가? 나중에라도 권리금을 받고 팔아 투자비를 회수할 수 있다면 그나마 다행이지만 그것도 아니라면 손해가 이만저만이 아니다.

장사하는 사람들은 앞으로 남고 뒤로 밑진다는 말의 의미를 잘 알 것이다. 가게가 북적거릴 정도로 장사가 잘되는데, 남는 건 없다. 무엇이 잘못되었을까? 바로 손익분석이나 재고관리 등을 잘못해서일 것이다. 장사를 하기 전, 원가와 마진의 전반적인 손익구조에 대한 밑그림을 잘 그려야 한다. 그냥 아무 생각 없이 팔기만 하면 된다고 생각한다면 얼마 가지 못해 앞으로 남고 뒤로 밑진다는 말을 몸소 깨닫게 될 것이다.

이익은 어떻게 계산할까? 버는 돈에서 들어간 돈을 빼면 된다. 버는 돈은 매출액이고 들어가는 돈은 매출원가와 판매관리비 등의 원가, 빌린 돈에 대한 이자 등이다. 매출액에서 매출에 직접 들어가는 매출원가를 빼면 매출총이익이 나오고, 매출총이익에서 매출원가 외의 비용인 판매비와 관리비를 빼면 영업이익이 나온다. 그리고 영업이익에서 지급이자 등 영업외비용을 빼고 수입이자 등의 영업외수익을 더하면 세전순이익이 나온다. 거기서 세금 내고 남는 게 바로 순이익이다.

간단해 보인다. 그러나 사실 그리 간단하지만은 않다. 들어가는 돈을 모두 빠짐없이 원가로 반영하고 팔지 못해 버리게 되는 손실도 반영해야 함은 물론, 외상으로 판매한 것 중 떼일 금액도 반영해야 한다. 다 반영하고도 남는다며 좋아할 것도 아니다. 남는 것으로 투자비도 회수하고 투자비 대비 적정한 이윤을 확보할 수 있어야 비로소 웃을 수 있다. 손익을 계산하고 따져보는 것은 참 번거로운 일이다. 특히 안 해본 사람들에게는 더욱더 그러할 것이다. 그러나 힘들더라도 꾹 참고 반드시 정확히 계산하여야 한다. 사업은 남기려고 하는 것이다. 남는지 안 남는지를 알아야 사업을 할 것인지 말 것인지 정할 수 있다.

얼마나
팔 수 있을까

팔기 전에는 얼마나 팔릴지 알기 어렵다

사업은 기본적으로 매출을 통해 운영에 필요한 자금을 충당하고 투자한 돈을 회수하는 것이다. 따라서 매출액을 추정하는 것은 사업성 검토의 시작이자 끝이라 할 수 있을 만큼 중요한 부분이다. 대부분 나가는 돈은 비교적 정확히 계산할 수 있다. 그런데 들어오는 돈, 즉 매출은 내 마음대로 할 수 있는 것이 아니다. 실제로 팔릴 때까지는 도무지 알 수가 없다. 그렇다고 손 놓고 있을 수는 없다. 온갖 방법을 동원해서 최대한 정확히 추정해야 한다.

팔리는 양에 따라 생산시설이나 점포 크기는 물론 고용할 직원 수가 결정된다. 사업의 모든 분야가 결정되는 것이나 마찬가지다. 만일 추정한 매출액보다 실제 매출액이 훨씬 적다면 생산시설이 남아돌게 되고 돈이 없어 더 이상 사업을 유지할 수 없는 지경에 이를 수도 있다. 반대로 추정한 판매량보다 실제 수요가 지나치게 많은 경우에는 생산시설을 늘릴 때까지 오는 손님을 돌려보내야 하는 슬픔을 감수하여야 한다. 첫 단추가 잘못 끼워지면 그 뒤는 당연히 제대로 될 리가 없다.

판매량과 판매단가

매출액 추정은 우선 예상 판매량을 추정한 후, 그 판매량에 시장상황을 반영하여 책정한 판매단가를 곱하는 과정을 거쳐 산출하게 된다. 따라서 판매량을 정확히 추정하고 판매단가를 적정하게 책정하는 것이 중요하다.

이때, 판매량은 팔 수 있는 물건의 수량과 시장규모를 넘을 수 없다. 새롭게 시장규모가 커져가는 사업에 있어서는 증가하는 양만큼 시장규모를 늘려 잡으면 될 것이고, 내가 제공할 수 있는 물건의 수량보다 더 많이 팔리게 되면 생산시설이나 점포를 확대하여 팔 수 있는 물건의 수량을 늘리면 될 것이다. 하지만 먼저 해야 할 일은 현재 상황을 기준으로 판매량을 추정하는 것이다.

판매단가를 결정할 때 가장 중요한 것은 내 물건의 가치에 대한 정확한 판단이다. 판매단가는 공급원가와 소비자가 느끼는 내 물건의 가치 사이에서 결정되기 때문이다. 공급원가는 그런대로 정확하게 파악할 수 있으나 물건의 가치는 파악하기가 어렵다.

만들 수 있는 물건보다 많이 팔 수는 없다

예전에 삼성동 근처에 조그만 곰장어집이 하나 있었다. 그런데 그 집 곰장어를 먹으려면 퇴근하자마자 총알같이 가야 했다. 남해안 기장에서 가져온 싱싱한 곰장어만을 파는 집이라 테이블 수에 맞게 그날 팔 수 있는 양이 정해져 있기 때문이었다. 그 집은 점포를 늘리지 않는 한 더 팔려고 해도 팔 수가 없었다.

판매량은 내가 공급할 수 있는 물량을 넘을 수가 없다. 이러한 공급능력은 제조업의 경우에는 생산시설의 생산능력에 따라 결정되며, 음식점이나 당구장 및 학원 등의 경우에는 동시에 맞을 수 있는 최대 고객 수와 회전율에 의하여 결정된다. 따라서 판매량 추정 시에는 생산능력을 감안하여야 하며 추정한 판매량이 생산능력을 초과하는 것으로 나타날 경우, 생산라인을 늘리지 않는 한 추정 판매량을 생산능력보다 작게 수정하여야 한다.

사려는 양보다 많이 팔 수는 없다

벤처 붐이 한창이던 때 가장 인기 있는 아이템은 단연 인터넷 관련 사업이었다. 많은 젊은이들이 인터넷을 활용한 비즈니스 모델을 구상했고 네이버처럼 초우량 사업으로 성장한 기업들도 있다. 인터넷 사업 중에는 콘텐츠 자체를 유료로 판매하거나 기존의 오프라인 사업 모델을 인터넷으로 구현하면서 수수료를 받는 사업들도 있었지만, 대부분의 인터넷 관련 사업들은 광고수입이 주 수입원이었다. 그런데 그 당시 인터넷 관련 벤처기업들은 인터넷 광고시장의 전체 규모는 전혀 고려하지 않고 방문자 수가 늘면 저절로 광고가 팔릴 것이라고 생각했다. 결과는 무참했다. 극소수를 제외하곤 모두 사라졌다.

시장규모는 목표시장의 시장수요량에 의해 결정된다. 실제보다 과다하게 시장규모를 책정했다면 매출 부족 상황이 발생할 수 있다. 때문에 최대한 보수적으로 책정해야 한다. 물론 예상보다 많이 팔린다면 생산시설을 증설하기까지 매출 손실을 보게 될 우려는 있다. 그러나 예상보다 덜 팔릴 때 발생하는 손실보다는 낫다.

판매량을 정할 때는 소심해지자

생산능력과 시장규모를 파악한 다음에는 경쟁업체가 얼마나 있는지, 그들의 생산능력은 얼마나 되는지를 파악해야 한다. 사업은 경쟁이다. 새로운 사업가는 기존 업체와의 경쟁에서 이길 자신이 있다고 믿기 때문에 경쟁에 참여한다. 물론 이길 수 있고, 이겨야 한다. 그러나 판매량을 정할 때만큼은 소심해지자. 아무리 자신이 있어도 일단은 목표시장을 경쟁업체와 골고루 나누어 가지는 수준을 내 판매량의 최대로 정하는 것이 안전하다.

시장이 급속도로 확대되어 총수요가 총공급을 초과하는 경우에는 경쟁업체가 있더라도 만들기만 하면 모두 팔리므로 생산량이 바로 판매량이 된다. 그러나 일반적으로 초과이익이 남는 곳에는 새로운 경쟁자가 참여하거나 기존 업체들이 생산능력을 늘리게 된다. 결국은 공급능력이 수요량을 넘게 된다. 그러므로 지금 만드는 대로 다 팔린다고 하여 앞으로도 그럴 거라고 생각하면 안 된다.

강력한 경쟁업체는 더욱 조심하자

경쟁과 관련하여 명심해야 할 또 하나는 시장의 경쟁 특성을 파악하는 것이다. 만일 이미 확고한 시장지배권을 가진 경쟁업체가 있는 시장에 진입하려고 한다면 힘든 상황을 맞이할 수 있다.

앞서 창신시장의 매운 족발집과 스크린골프 업체를 생각해보자. 창신시장에는 매운 족발집이 몇 집 몰려 있다. 그런데 유독 한 집만 잘된다. 100명의 손님을 다섯 개의 가게가 20명씩 차지하는 것이 아니고 어느 한 집이 독점하는 것이다. 스크린골프시장도 마찬가지다. 이미 한 업체가 시장을 거의 지배하고 있다. 기존 업체의 손님들을 빼내기는 어렵다. 용감한 것은 좋지만 무모한 것은 피하자.

단가, 원가보다는 높게 가치보다는 낮게

1,000원짜리 자장면. 한 번쯤은 들어보았을 것이다. 우리 사무실 지하에 있는 중국집의 자장면 한 그릇은 4,500원이다. 집에서 시켜 먹어도 4,000원은 한다. 그런데 1,000원에 자장면을 파는 곳이 있다. 그렇게 팔아도 남을까? 그렇다면 원가가 1,000원이 안 된다는 말인데……. 아니면 많이 파는 만큼 그릇당 원가가 내려가서 1,000원에 팔아도 남게 된 것일까? 그도 아니면 자장면은 1,000원에 팔되 짬뽕이나 탕수육 등 다른 메뉴에서 이익을 남기는 것일까? 장사는 남아야 하는데 그러려면 원가보다는 높게 팔아야 하기 때문이다.

물건 값은 원가보다 높아야 한다. 그렇지만 내 물건이 팔리려면 판매단가는 소비자가 그 물건을 구매함으로써 느끼는 가치보다 낮아야 한다. 만일 생산원가보다 소비자가 느끼는 가치가 낮다면 아예 시작도 안 하는 것이 좋다. 이때 원가는 뒤에서 살펴보겠지만 만드는 데 직접 소요되는 비용뿐만 아니라 사무직 직원 인건비 등과 같은 모든 간접비용을 비롯하여 투입자금에 대한 이자도 포함하여야 한다.

소비자가 느끼는 내 물건의 가치는?

판매단가 책정에 있어 가장 중요한 것은 소비자가 느끼는 가치다. 원가를 기준으로 단가를 책정한다면 원가에 목표 수익률을 곱하여 산출된 수익을 합하여 산정하면 된다. 만일 원가가 10이고 목표 수익률이 20%라면 단가는 12가 된다. 그러나 만일 그 물건에 대해 소비자가 느끼는 가치가 100이라면 단가를 굳이 12로 하지 않고 50이나 90으로 하여도 그 물건은 팔릴 것이다.

단가를 정할 때 중요한 것은 정확한 원가 분석만이 아니다. 소비자가 느끼는 가치를 가급적 정확히 파악해야 더 많이 벌 수 있는 기회를 잡게 될 것이다. 원가는 절감할 수 있지만 한계가 있다. 또 꼼꼼히 챙긴다면 비교적 정확히 원가를 파악할 수 있다. 그러나 소비자가 느끼는 가치는 원가와 상관없다. 내가 아니고 소비자가 판단하게 되므로 소비자가 느끼는 가치를 어떻게 파악할지 고민해야 한다.

기존 유사물건 가격은 얼마나 되나

소비자가 느끼는 가치를 판단하는 방법은 간단하다. 유사한 효용을 제공하는 기존 물건에 대해 소비자가 기꺼이 지불하고 있는 가격을 파악해보는 것이다. 이때 주의하여야 할 점은 물건을 만든 사람의 입장이 아니라 소비자의 입장에서 판단해야 한다는 것이다.

새로운 물건을 만든 사람은 자신의 물건이 기존 물건보다 좋으므로 더 높은 값을 받아야 한다고 생각한다. 그러나 소비자는 새로운 물건의 장점을 일일이 파악하고 그 장점에 대해 얼마를 더 낼 것인지 고민할 정도로 한가하지 않다. 오히려 소비자가 보다 편안하게 새로운 물건을 구매하도록 하는 것이 더 중요하다. 이런 점을 감안하여 물건의 단가를 정해야 한다.

경쟁물건이 존재하지 않으면 조사라도 해보자

경쟁물건이 존재하지 않는다면 어떻게 하는 것이 좋을까? 충분한 예산이 확보되었다면 목표고객을 대상으로 기꺼이 지불할 수 있는 가격을 조사해보는 것이 좋다. 아이가 우는 이유를 알려준다는 제품의 수입판매 타당성을 검토하던 회사의 사례를 다시 보자.

초보 엄마들은 아이가 우는 이유를 잘 알지 못한다. 하지만 그 제품은 90% 이상의 정확도로 아이가 우는 이유를 알려주는 제품이었다. 제품 구매 의향은 충분한 것으로 조사되었다. 그런데 그 제품에 대해 기꺼이 지불하고자 하는 가격이 원가에 못 미치는 것으로 나타났다. 제품은 좋은데 소비자가 느끼는 가치가 원가에 못 미친 것이다. 앞에서 말했듯이 그 회사는 물론 그 사업을 접었다.

소비자의 특성에 맞게 가격을 정하라

언젠가 텔레비전에서 중국의 음식을 소개하는 프로그램을 본 적이 있다. 그런데 특이한 광경이 나왔다. 같은 건물의 1층, 2층, 3층에서 비슷한 음식을 파는데, 층에 따라 가격 차이가 엄청났다. 재료나 맛에 있어 약간의 차이가 있을 뿐인데 말이다.

중국은 빈부의 격차가 크다. 그래서 자기가 속해 있다고 생각하는 계층에 따라 더 많은 돈을 내면서도 2층으로 가고 3층으로 갔던 것이다. 그들은 원가와 상관없이 계층에 따라 가격이 다르다는 것을 당연하게 받아들였는지 모른다. 결국, 고객의 특성을 고려하여 가격을 산정해야 한다. 이러한 예는 백화점과 대형마트에서도 찾아볼 수 있다.

비슷한 모델의 같은 회사 냉장고지만 백화점과 대형마트에서 판매되는 물건에는 가격 차이가 있다. 같은 모델이라도 부품의 질이나 디자인 등에서 약간의 차이가 있다고 한다. 그러나 많은 사람들은 그 약간의 차이 때문에 더 많은 비용을 지불하려고 하지 않는다. 하지만 그럼에도 불구하고 백화점에서 냉장고를 사는 사람들이 있다. 그들은 약간의 차이에도 많은 돈을 지불할 능력이 있고, 지불할 생각도 있는 것이다.

소비자 중에는 이른바 마니아층이 있다. 언젠가 해외 유명 브랜드 자전거를 수입판매하는 회사를 방문한 적이 있다. 1층에 다양한 모델의 자전거가 전시되어 있었는데, 가격표를 보니 1,700만 원이었다. 20만 원짜리 자전거만 사보았던 나는 가격표가 잘못된 줄로만 알았다. 그런데 그 가격이 맞단다. 아니, 그보다 더 비싼 자전거도 있단다. 누가 자전거를 자동차 한 대 값에 살까 싶었는데, 잘 팔린단다.

물건에 대해 세밀하게 조사하고 약간의 장점에 많은 돈을 지불할 의
사가 있는 마니아층이 있다. 그러한 마니아들은 기존 물건에 비해 새로
운 물건의 장점에 대해 느끼는 가치가 일반소비자보다는 높을 수 있다.
그렇다면 보다 높은 가격으로 팔아도 되지 않을까?

소비자 반응 테스트

소비자의 가치에 대한 정확한 파악이 어렵다면 본격적으로 생산하기
전에 시장반응을 테스트해보는 것도 한 방법이다. 가능하다면 본격적인
생산을 시작하기 전에 소량의 물건으로 실제 소비자의 반응을 먼저 확
인해보자. 이러한 테스트를 통해 제시한 가격보다 소비자가 느끼는 가
치가 낮아 잘 안 팔릴 경우에는 어느 정도까지 가격을 내리면 판매가 가
능할지, 내린 가격으로 팔아도 남는 장사일지 판단할 수 있으며, 반대로
가치가 높다면 굳이 낮은 가격에 팔 필요가 없다는 것을 알 수 있다.

그뿐이 아니다. 공급자들은 여러 가지 방법을 통해 여러 가지 특징을
구현하여 소비자들의 지갑을 열려 한다. 그런데 각각의 특징을 구현하
는 데는 돈이 들어간다. 여기에 생산자와 소비자의 차이가 있다. 물건을
구입하는 소비자는 생각이 다를 수 있다는 것이다. 이러한 소비자의 반
응을 테스트를 통해 아는 것도 큰 도움이 된다. 테스트 결과, 소비자가
관심을 두지 않는 기능은 축소하고 소비자가 선호하는 기능을 추가함으
로써 물건 자체를 개선시킬 수도 있다.

물가는 오르는데 내 물건 가격은 내린다

예전에 홈시어터 제품을 주로 생산하여 수출하는 중소기업의 자문을 맡은 적이 있다. 그 회사는 대기업 가전사업부 출신들이 설립한 회사로, 기술력과 가격 면에서 나름대로 경쟁력을 갖추고 있었다. 당시는 DVD 플레이어 시장이 급속도로 성장하는 때였다. 그 회사도 기존 기술력을 바탕으로 자체 브랜드 DVD플레이어를 출시했다. 처음에는 원가보다 훨씬 높게 가격이 형성되어 큰 문제없이 팔려나갔다. 그런데 갑자기 DVD플레이어 가격이 곤두박질하기 시작했다. 값싼 중국제품이 국내로 몰려들어왔고, 해외 바이어들도 중국제품을 선택한 것이다. 순식간에 절반 이하로 가격이 떨어져버렸다. 많은 손해를 보고 DVD플레이어 사업을 접을 수밖에 없었다. 가격이 원가 아래로 떨어져 팔수록 손실이 나게 된 것이다.

이처럼 단가의 변화는 사업의 성패를 결정짓는 경우가 많다. 특히 공산품의 경우는 더 심하다. 굴지의 반도체업체도 반도체 가격의 하락폭을 견디지 못해 어려움을 겪는다. 많은 사업가들은 자기가 공급하는 물건의 가격이 물가상승률 정도로는 인상될 것이라고 생각하는 경향이 있다. 분명히 매년 물가는 상승한다. 그러나 텔레비전 같은 가전제품이나 반도체 등에서 볼 수 있듯이 오히려 새로운 기술이나 원가절감 기술에 의해 시간이 지날수록 기능은 좋아지는 반면 가격이 내려가는 경우도 있다.

만들고자 하는 물건의 가격이 무조건 인상될 것이라는 가정은 위험하다. 과거 사례 등을 감안하여 향후 가격변화 추이를 정확히 예측하기 위해 노력해야 한다. 나아가 기술개발 속도나 강력한 경쟁자로 인해 더 좋은 물건이 더 낮은 가격에 공급될 수 있다는 것을 항상 염두에 두어야 한다. 이를 극복하기 위해 신제품 개발이나 기존 제품의 원가를 낮추기 위한 노력을 게을리 하지 말아야 할 것이다.

원가가
기가 막혀

무엇을 언제 하는가

들어갈 돈을 계산하기 위해서는 먼저 돈을 벌기 위해서 해야 할 일을 파악해야 한다. 제조업이면 공장을 짓고 사람을 뽑고 사무실 마련을 비롯한 각종 인허가를 받아야 된다. 유통업이라면 팔 물건을 확보하고 창고를 구해야 하며 판매조직도 갖추어야 한다. 아무리 작은 사업이라도 해야 할 일은 무지하게 많다.

해야 할 일을 파악했다면 그 일을 언제 어떻게 할 것인지 정해야 한다. 깔끔하게 정리한 사업추진 일정표를 책상이나 벽에 붙여두고 하나씩 체크하는 것이 좋다. 사업추진 계획은 일차적으로는 계획성 있고 원활한 사업추진을 위해 필요하다. 또 언제 얼마의 돈이 들어가고 언제부터 얼마의 매출액이 나오는지에 관련된 것으로, 사업에 필수적인 돈의

<h1 align="center">사업추진 일정표(예시)</h1>

구분	내역	1주	2주	3주	4주	5주	6주	7주	8주	9주	개업일	10주	11주
기본계획수립	업종 및 지역 확정	→											
	투자자금계획	→											
점포개발	주변시세 파악		→										
	건물등기사항 파악		→										
	도시계획 파악		→										
상권조사	주거형태 파악		→										
	유동인구 파악		→										
	동종업종 파악		→										
	예상매출액 파악		→										
자금운영계획	임대보증금, 임대료			→									
	인테리어 소요자금			→									
	기기 및 집기비품 소요자금			→									
	간판, 오픈홍보, 기타 초기투자비			→									
	매출계획 수립			→									
	인력계획 수립			→									
	원가계획 수립			→									
	기타 비용계획 수립			→									
	수익성 분석			→									
매장계약·실측	매장계약					→							
	시공도면확정						→						
현장시공	인테리어 등 시공							→					
	공사진행 점검							→					
개점준비	개업일자 점검								→				
	필요품목 점검								→				
	임직원 교육								→				
	사업자등록 신청								→				
	각종 인허가 신청								→				
시공완료	주방집기 점검								→				
	기기 및 가구 점검								→				
	검수									→			
개업 및 관리	오픈개점행사									→		→	
	초기마케팅									→			→

흐름을 좌우하는 것이기도 하다. 때문에 사업추진 일정표는 자세히 수립해야 한다.

사업추진 일정표는 업종이나 규모에 따라 포함하여야 할 항목과 내역이 다르므로 표준안을 제시할 수는 없다. 하지만 하나의 점포를 낸다고 한다면 옆쪽의 표와 같을 것이다. 항목별 소요기간은 하나의 예이고 실제 계획표 수립 시에는 구체적인 상황에 따라 작성해야 한다.

초기 자금은 얼마나 들어가나

사업에는 많든 적든 일반적으로 투자가 선행된다. 얼마의 돈이 들어갈 것인지 파악하는 것은 두 가지 면에서 중요하다. 첫째, 과연 그만큼의 돈을 내가 마련할 수 있는가. 둘째, 들어간 돈에 비해 버는 돈이 적정한 수준인가. 아무리 좋은 사업이라 해도 거기에 필요한 돈을 마련할 수 없다면 실제 사업을 시작할 수 없다. 또한 단돈 1만 원을 벌기 위해 1억 원을 투자할 수도 없는 일이다.

제조업이라면 물건을 만들기 위해 필요한 공장과 설비 구축에 들어가는 토지 구입비 및 건물 공사비, 기계·기구 구입 및 설치 공사비가 투자비에 포함될 것이다. 점포 운영을 한다면 상가 구입비 또는 임대보증금과 권리금, 인테리어 비용, 점포 운영을 위한 제반 기구 구입비 등이 투자비에 포함된다. 사업에 필요한 기본시설을 위한 자금 이외에도 물건을 팔아서 판매대금이 들어오기까지 소요되는 많은 항목을 모두 소요자금에 반영하여야 한다. 따라서 물건을 개발하는 데 소요되는 제반 개발비와 실제 판매대금 회수까지 들어가는 제반 영업준비금, 대출을 받았을

초기투자금 내역

(단위 : 만 원)

구분		투자비	비고
비용성 투자비	가맹비	500	
	기획관리비	300	
	교육비	150	
	POS임대료	400	구매 형태에 따라 상이
	오픈비용	500	이벤트 및 집기류
	소계	1,850	
시설비	인테리어비	5,500	평당 220만 원 기준, 외부 및 기타 공사 별도
	장비	5,500	
	가구	1,900	2면기준
	간판	1,400	2면기준
	기타	1,600	2면기준(에어컨 및 전기증설 외)
	소계	15,900	
보증금	계약이행보증금	1,500	점포 매출에 따라 차등
	임대보증금	3,500	지역별 상이
	소계	5,000	
합계		22,750	
기타	권리금		업종 · 점포 성격에 따라 권리금 반영

경우에는 그에 대한 이자, 제반 보험료, 광고 등 사전 마케팅에 소요되는 비용, 하다못해 개업식에 소요되는 비용까지 모두 포함하여야 한다.

위의 표는 한 프랜차이즈 사업의 가맹점 신규 개설 시에 들어가는 초기투자금 내역이다. 가게를 그만둘 경우에 회수할 수 있는 것도 있고, 다른 사람에게 넘길 경우에는 권리금으로 회수할 수도 있으나 일단 2억 원이 넘는 돈을 손에 쥐어야 시작할 수 있다는 것을 알 수 있다.

사람이 돈이다

무슨 사업이든 결국 사람이 중요하다. 아무리 좋은 물건이라도 사람이 팔아야 돈을 번다. 아무리 잘 팔려도 돈 관리나 사람 관리를 잘못하면 사업은 버틸 수 없다. 잘나가던 굴지의 그룹들도 2세 경영자의 방만한 M&A 등으로 망가지고 말지 않던가. 사람을 잘못 쓴 것도 큰 이유 중의 하나일 것이다.

사람을 뽑아 쓰는 일은 무척 중요하다. 필요한 사람을 적재적소에 적정한 보수로 쓰는 것은 사업의 규모와 상관없이 사장이 고민하여야 할 가장 큰 숙제다. 어떻게 하면 좋은 사람을 잘 뽑을 수 있을까?

① 내 사업에 맞게 뽑는다.

규모는 작은데 마치 대기업에서처럼 사장, 부사장, 전무, 상무, 이사 등 있을 만한 임원은 다 갖춘 경우가 있다. 직원들도 그렇다. 업무량이 많지 않은데 사원, 대리, 과장, 차장, 부장 등이 다 자리를 잡고 있다. 남들이 보기에는 멋있어 보일지 모르겠지만 회사의 임원은 아는 사람끼리 나눠먹는 자리가 아니다. 얼마 되지도 않는 일을 여럿이서 중복적으로 하는 것은 낭비 중의 낭비가 아닐 수 없다. 돈을 벌기 위해서는 사람이 꼭 필요하지만 불필요하게 많은 사람은 돈 먹는 하마다. 내 사업의 성격에 맞게 사람을 쓰자.

그러기 위해서는 사업운영에 필요한 업무를 최대한 세분화하여 각각의 업무를 효율적으로 수행하는 데 필요한 인원을 정해야 한다. 세분화된 직무의 업무량과 성격에 따라 한 명의 인력이 몇 개의 직무를 담당할 수도 있고, 한 직무를 여러 명이 담당할 수도 있을 것이다. 그다음에 유사업무를 일정 단위로 묶어 책임자를 배치하면 조직도가 완성된다. 사업규모가 달라지면 업무량이 변동하거나 새로운 업무가 생기므로 그때그때 조직도를 조정하는 것이 필요하다.

② 빈대 잡으려다 초가삼간 태운다.

새로운 사업을 시작하는 경영자들과의 만남을 통해 느낀 것이 있다. 오너의 성향이 회사에 미치는 영향이 막대하다는 것이다. 이는 특히 사람을 뽑을 때 명확히 드러난다. 개중에는 사람이 필요하다는 것을 알면서도 나가는 인건비가 아까워 사람을 덜 뽑거나 함량미달인 사람을 채용하는 경우가 있다. 그래도 꾸역꾸역 돌아가면 다행이지만, 만일 적합한 사람을 필요한 만큼 뽑아 쓴다면 훨씬 더 많은 돈을 벌 수 있을 것이다.

문제는 아예 회사가 망가지는 것이다. 사람을 뽑지 않아 이곳저곳에 구멍이 생기기 때문이다. 사람이 부족하니 당연히 고객에 대한 서비스 질은 뚝뚝 떨어지고 심지어는 물건에 하자가 발생한다. 인건비 절감, 물론 중요하다. 그렇지만 그 때문에 사업이 망가진다면 그동안 투자한 막대한 돈과 사업에 쏟아부은 내 정열과 노력은 어떡할 것인가?

③ 위인설관(爲人設官)을 조심한다.

반면 통 크게 사람을 뽑아 쓰는 경우는 어떨까? 물론 쓸데없이 돈이 더 들어가니 회사로서는 손해일 수밖에 없다. 그러나 그보다 더 큰 문제가 있다. 바로 남는 사람이 할 일 없이 시간을 보내게 된다는 것이다. 그 사람이 그냥 가만히 있으면 그 사람에 대해 지급하는 인건비만 손해 보면 된다. 그런데 가만히 있지를 않으니 문제다. 자기도 월급을 받으니 뭔가 해야 할 것 같고 그러다보니 자꾸 쓸데없는 일을 만든다. 그것도 자기 혼자만 하면 그만인데 정작 필요한 일을 해야 할 사람들을 자꾸 자기가 만든 일에 관여시키려고 한다. 이 정도만 해도 회사는 벌써 엄청난 피해를 보고 있는 것이다.

조직원들 사이에 없어도 될 사람이 끼여 정작 해야 할 일을 못하게 하고 있는데 오너가 이를 방관하면 조직문화가 흐트러지기 시작한다. 나아가 이런 사람들이 오너의 판단을 흐리기도 한다. 자기도 뭔가 하고 있다는 것을 오너에게 보여주기 위해 회사에 전혀 도움되지 않는 일들을 자꾸 만들어낸다. 정작 해야 할 일에 집중하여야 할 오너까지 흔들어대는 것이다.

④ 고정인력과 변동인력을 구분한다.

인력 계획 수립 시 고려하여야 할 또 하나의 사항은 생산인력이나 영업인력과 일반관리인력을 구분하는 것이다. 일반적으로 인사·회계·총무 등 일반관리업무를 담당하는 인력은 사업규모에 따라 조금은 변동될 수 있으나 생산인력이나 영업인력보다는 변동성이 크지 않다. 즉 생산인력이나 영업인력은 생산량이나 판매량에 따라 그 숫자가 좌우되나 일반관리인력은 생산량이나 판매량에 비례하여 증가하거나 감소하지 않는다. 따라서 인력 계획 수립 시 생산 계획이나 판매 계획에 따라 책정된 생산량이나 판매량을 달성하기 위하여 필요한 생산인력과 판매인력을 우선 배치한 후에 이를 지원하기 위하여 필요한 일반관리인원을 배치하는 것이 효율적인 것이다.

⑤ 급여 수준을 신중히 결정한다.

세분화된 인력 계획이 수립되었다면 보수 수준을 결정해야 한다. 아르바이트 전문 포털사이트 알바천국이 2011년 5월에 29세 이하 대졸 구직자 1,017명을 대상으로 직업 선택 시의 기준에 대해 조사한 결과에 따르면, '적성'이라고 답한 사람이 36.1%로 가장 많았다. 이어 연봉(24.6%), 안정성

(22.9%), 비선(10.3%), 성취감(6.1%) 등의 대답이 뒤를 잇는다. 이러한 조사 결과에서 알 수 있듯이 보수 수준은 직업 선택의 기준에서 중요한 요소 중 하나다. 따라서 보수를 많이 주면 좋은 인력을 채용하기가 용이하다. 그러나 당장 우수한 인력 확보에만 급급하여 지급능력보다 높게 보수를 책정하는 것은 피해야 한다.

우수한 인력을 확보했더라도 막상 그 보수를 감당하지 못하게 된다면 채용한 인력에게도 회사에게도 얻는 것보다 잃는 것이 더 많을 것이다. 나아가 보수는 하방 경직성이 있어서 한 번 책정된 보수를 내리기는 어렵다. 그렇다고 유사업체보다 현저히 떨어지는 보수를 제시한다면 필요한 인력을 구하기 힘들 것이다. 그러므로 비슷한 규모의 동종업계 보수 수준 및 회사의 지급능력을 종합적으로 고려하여 적정 수준의 보수를 책정하여야 한다. 마지막으로, 보수 계획 수립 시 근속년수 증가 및 승진에 따른 자연상승분과 물가상승률을 반영한 인상분을 감안하여야 한다는 점을 기억하기 바란다.

원가의 기본구조

원가는 크게 매출원가, 판매비와 관리비로 구분할 수 있다. 매출원가는 팔 물건을 만들거나 사는 데 필요한 비용이다. 따라서 물건을 만들어 팔 계획이라면, 만드는 데 들어가는 모든 비용을 정확히 계산해야 한다. 상품을 구입해서 팔 예정이라면 사오는 데 드는 모든 비용을 계산해야 한다. 판매비는 판매활동에 소요되는 비용으로, 판매원의 급여나 포장비, 운반비, 광고선전비 등을 말하고, 관리비는 매출원가와 판매비를 제외한 본사 비용을 말한다. 매출액에서 매출원가를 빼면 매출총익이 나오고, 매출총익에서 판매비와 관리비를 빼면 영업손익이 나오는데, 영업손익은 사업이 잘되고 있는지를 알려주는 기준이 된다. 영업손익에 예금이자 등의 영업외수익을 더하고 이자비용 등과 같은 영업외비용을 빼면 법인세 차감 전 순손익이 나오고, 여기서 세금을 내고 나면 당기순손익이 나온다.

　사업에서 가장 중요한 것은 영업손익이다. 그러나 영업외비용도 무시해서는 안 된다. 회사가 정상적으로 운영되려면 영업이익으로 차입금과 이자를 갚을 수 있어야 하므로 만일 사업에 필요한 돈을 빌려서 시작하였다면 자기 돈으로 시작한 사람보다는 많이 벌어야 버틸 수 있다. 아무리 많이 벌어도 번 돈의 대부분을 은행에 갚느라 허덕거리는 회사들이 수두룩하다. 아니, 2008년 금융위기 당시의 키코 사태에서 볼 수 있듯이 멀쩡한 회사가 잘못된 외환계약 하나로 한순간에 망가지는 사태도 발생한다. 이래저래 신경 쓸 일이 많은 것이 바로 사업이다.

원가, 업종별로 다르다

　돈을 벌기 위해 들어가는 원가는 업종마다 다르다. 한국은행 기업경영분석 통계를 통해 제조업과 도·소매업, 음식점 및 주점업의 원가구조를 살펴보자. 제조업에서는 원가 중 제조원가가 매출액 대비 74.6%를 차지하며, 제조원가 중에서도 재료비가 무려 매출액의 56.5%를 차지한다. 제조업을 하려면 무엇보다도 재료비를 정확히 파악해야 한다. 물건을 다른 사람에게서 사다 파는 도·소매업에서는 당연히 상품매입비

원가구조

(2011년 기준)

구분	제조업	도·소매업	음식점 및 주점업
매출액	100.0%	100.0%	100.0%
매출원가	84.1%	83.5%	59.5%
제조원가	74.6%	5.7%	31.5%
(제조원가 중 재료비)	56.5%	2.7%	19.0%
(제조원가 중 인건비)	5.2%	0.4%	6.7%
상품매출원가 등	9.5%	77.8%	28.0%
매출총이익	15.9%	16.5%	40.5%
판매비와 관리비	10.4%	13.6%	38.1%
(판관비 중 인건비)	2.7%	4.4%	14.6%
영업손익	5.6%	3.0%	2.4%
영업외수익	3.9%	2.7%	1.9%
영업외비용	4.3%	2.4%	3.1%
(이자비용)	1.1%	0.7%	1.6%
법인세 차감 전 순손익	5.2%	3.3%	1.2%
법인세비용	1.1%	0.8%	0.8%
당기순손익	4.0%	2.5%	0.5%

용이 원가 중 가장 큰 비중을 차지한다. 남들보다도 좋은 물건을 어떻게 싸게 사올 것인가가 사업의 성패를 결정하게 되는 것이다.

　제조업, 도·소매업과 달리 우리 주위에서 많이 볼 수 있는 음식점과 주점업은 매출액에서 차지하는 인건비 비중이 21.3%로 상당히 높다. 상품매출원가 비중이 28.0%인데, 이는 주류 등을 받아서 파는 것이므로 우리가 직접 관리할 수 있는 원가는 아니다. 우리가 관리해야 하는 원가는 매출액 대비 21.3%에 달하는 인건비와 19.0%에 달하는 재료비 항목이다. 어떤 사업에서도 사람이 중요하지만 음식점을 시작하려면 특히 인건비를 잘 관리하여야 돈을 벌 수 있다.

직접경비와 변동폭을 파악하라

원가 계산 시 우선 물건을 만들거나 사오는 데 직접 들어가는 돈을 파악하는 것도 중요하다. 제조업이라면 재료비와 생산인력에 대한 노무비, 도·소매업이라면 물건을 사오는 데 드는 비용, 음식점 및 주점업이라면 재료비와 인건비 그리고 주류 구입가가 직접 들어가는 돈이다. 이러한 돈은 매출액이 많고 적음에 따라 변동하기 때문에 계획된 매출액의 변동에 따라 어떻게 움직이는지 파악하는 것이 필요하다.

또 하나 유의할 점은 매출에 직접 들어가는 돈과 본사와 관련하여 들어가는 돈을 구분하라는 것이다. 본사 임직원에 대한 비용은 생산량이 늘거나 줄어도 그 변동폭이 크지 않다. 그러나 생산현장인력에 대한 비용이나 재료비는 생산량에 따라 변동폭이 크기 때문에 미리 잘 파악해두어야 그때그때 잘 대응할 수 있다.

간접경비도 빠트리지 말자

간접경비는 본사 임직원의 급여, 임대료와 같이 매출액과 큰 상관없이 들어가는 비용을 말한다. 물론 매출액이 많이 증가하면 본사 임직원도 더 필요하게 될 것이다. 그러나 그 변동폭은 직접경비보다 훨씬 작다. 사업이 잘되지 않으면 가장 문제가 되는 것이 바로 간접비용이다.

아무리 손님이 없어도 점포 임대료는 내야 하고, 사업을 접지 않는 한 필수인력은 유지해야 한다. 사업 초기에는 이처럼 고정적으로 나가는 돈 때문에 허리가 휜다. 지금은 잘나가는 모 상장회사의 초창기 월급날은 매월 25일이었다. 그런데 지금은 매월 말일이다. 사업 초기에 돈이 잘 돌지 않아 하루하루 늦추다보니 말일이 되어버린 것이다. 그러나 겁낼 필요는 없다. 사업 초기에는 누구나 겪는 일이다.

원가 계산, 겁내지 마라

원가를 계산하자니 일단 머리가 아프다. 여러 곳에서 살펴보니 용어도 생소하고 항목도 많다. 제조업의 제조원가 명세서를 보면 재료비, 노무비, 경비, 복리후생비, 전력비, 가스·수도비, 감가상각비, 세금과 공과, 임차료, 보험료, 수선비, 외주가공비, 운반·하역·보관·포장비, 경상개발비, 기타 경비 등의 항목이 있고, 판매비와 관리비 항목을 살펴보면, 본사 임직원과 판매원에 대한 급여, 퇴직급여, 복리후생비와 수도광열비, 세금과 공과, 임차료, 감가상각비, 접대비, 광고선전비, 경상연구개발비, 보험료, 운반·하역·보관·포장비, 대손상각비, 무형자산상각비, 지급수수료, 기타 판매비와 관리비 항목이 있다.

뭔 항목이 이리도 많은지 보기만 해도 복잡해서 도저히 원가를 파악할 의욕이 생기지 않는 사람도 있을 것이다. 그러나 겁낼 필요가 없다. 현실적으로 위에 나열한 제조원가와 판매비와 관리비 항목이 모든 기업에 발생하는 것은 아니다. 내가 하는 업종이나 사업규모에 맞게 실제 발생하는 항목만 포함하여 원가를 계산하면 된다.

대충 계산하지는 말자

사업에 발생할 비용 항목들을 파악한 다음에는 구체적으로 각 항목별로 얼마나 들어갈지를 알아보아야 한다. 가끔 구체적인 근거 없이 매출액 대비 몇 퍼센트라는 식으로 비용을 정하거나 밑도 끝도 없이 인건비 얼마, 운영비 얼마라는 식으로 대충 작성되어 있는 사업계획서를 보게 된다. 마치 처삼촌 벌초하는 것 같다. 물론 해보기 전에 모든 비용을 정확히 계산하는 것은 어렵다. 그러나 실제 사업을 해보면 나가는 돈은 줄일 수 없는 경우가 대부분이다. 그런데 돈이 부족하면 망한다. 다른 사람 일도 아니고 내 사업이다. 나가는 돈이 얼마인지를 알아야 어느 정도 가격에 얼마나 팔아야 할지 정할 수 있고, 궁극적으로는 남는 장사인지 밑지는 장사인지를 파악할 수 있다.

투자비는 어떻게 반영하나

대부분 회사의 손익계산서를 보면 감가상각비라는 항목이 있다. 분명히 통장에 돈은 늘었는데 손실이 났단다. 감가상각비 때문이다. 감가상각비는 실제로 돈이 들어간 것은 아니고, 생산시설이나 집기비품 등 시설투자비를 그 시설을 사용할 수 있는 기간으로 나누어 비용에 포함시키는 것이다. 땅은 아무리 써도 없어지지 않는다. 그러나 공장 건물이나 기계 시설은 영원히 사용할 수 없다. 그러므로 공장 중에서도 땅을 빼 나머지 시설에 대해서는 각각 정상적으로 쓸 수 있는 기간을 정하고 들어간 비용을 사용기간에 분할하여 원가에 포함시켜야 한다. 그래야 실제 얼마나 벌었는지를 알 수 있다.

감가상각은 기업회계상 손익에 영향을 미치며 세금계산에도 영향을 미친다. 따라서 자의적인 감가상각을 통한 손익 조정을 방지하기 위하여 자산별 상각기간을 정해놓고 감가상각 방법을 임의로 변경하는 것에도 제한을 두고 있으므로 결산 시 유의하여야 한다. 잘 모르면 전문가의 도움을 받는 것이 안전하다.

감가상각비는 현금과 상관없이 회계나 세무상 손익을 계산하기 위하여 사용되는 것이므로 실제 남는 장사인지를 따져볼 때는 감가상각과 상관없이 모든 현금 수입과 지출을 감안한 현금흐름을 기준으로 계산하는 것이 보다 나을 것이다.

이자도 비용이다

매출액에서 매출원가를 빼면 매출이익이 나오고 매출이익에서 판매비와 관리비를 빼면 영업이익이 나온다. 그리고 이 돈으로 이자를 지급하고 원금을 상환할 수 있어야 한다. 빌린 돈의 원금과 이자도 못 갚을 정도로 영업이익이 나지 않는다면 사업을 할 필요가 없다. 따라서 대출금의 상환 계획과 이자율을 정확히 파악하여 정해진 기간 내에 원금을 상환하고 이자를 지급할 수 있을 만큼 영업이익이 날 수 있는지를 검토해야 한다.

은행은 냉정하다. 사업이 잘되건 안 되건 정해진 날짜에 상환 원금과 이자를 내야 한다. 그러므로 자금 계획 수립 시, 혹시 모를 자금 부족 상황에 대비하여 몇 개월 이상의 원가에 해당하는 금액과 상환 원리금을 포함한 예비비를 책정해두는 것이 필요하다.

세금, 더 내지는 말자

소득이 있는 곳에는 세금이 있다. 사업을 잘해서 돈을 벌었다면 당연히 세금을 내야 한다. 세금을 다 내고 남는 돈이 내 호주머니로 들어올 수 있는 돈이다.

과세 대상 소득은 매출액에서 각종 경비와 이자 등을 공제한 금액이다. 따라서 사업을 하는 사람은 돈을 벌기 위하여 들어간 경비에 대하여는 빠뜨리지 말고 증빙을 챙겨야 한다. 세금을 걷는 사람들은 많이 걷길 원하고 사업가는 조금 내길 원한다. 탈세는 나쁜 일이며 잘못하면 잡혀가기도 한다. 그러나 증빙을 챙기지 못해서 내야 하는 것보다 더 내야 한다면 이건 슬픈 일이다. 사업에는 필연적으로 세금 문제가 따라다님을 잊지 말자.

내 품 안의
돈

창고에 있는 물건은 돈이 아니다

자, 나름대로 복잡한 과정을 거쳐 숫자 놀이를 해보았다. 이제 과연 해볼 만한 사업인지를 살펴보자. 해볼 만큼 남는 장사인지에 대한 문제는 사업을 하는 목적과 밀접한 관련이 있다. 사람마다 사업을 통해 벌고자 하는 기대수익이 다르다. 때문에 얼마나 남아야 사업성이 있는 것인지 일률적으로 말할 수는 없다. 다만 모든 사업에는 작든 크든 잘 안 될 수도 있는 위험이 따르기 때문에 내 손에 떨어지는 순이익이 은행예금 이자보다는 상당히 많아야 사업성이 있다 할 것이다. 그렇다고 해서 너무 많은 수익이 나는 것으로 조사되었다면 매출액을 과다하게 잡지는 않았는지, 빠뜨린 비용은 없는지 살펴보아야 한다. 세상이 나에게만 큰 이익을 안겨줄 만큼 녹록하지는 않기 때문이다.

매출액에서 원가를 빼고 이자도 빼고 세금도 빼보았더니 분명 이익이 남는데 통장에 돈이 없다면, 왜일까? 계산상으로는 이익이 남지만 현금상으로는 적자가 났기 때문이다. 잘 팔리는데 통장에 잔고가 없으면 우선 창고를 뒤져봐라. 잘 팔리면 잘 팔리기 때문에 더 많은 재료나 상품을 준비해야 하고, 안 팔리면 안 팔리기 때문에 재료나 상품이 창고에 남아 있을 것이다. 무차입 경영이란 말은 있어도 무재고 경영이란 말은 없다. 재고는 없는 게 좋은 것이 아니라 적절하게 있어야 한다.

몇 년 전에 신종플루가 유행한 적이 있다. 온 나라가 예방주사를 맞느라 바쁘게 돌아가고 신종플루 예방에 도움되는 상품이 불티나게 팔려나갔다. 그중에서도 손세정제는 웬만한 사무실이나 공공기관에는 물론 가정집에서도 비치하는 만큼 수요가 급격히 늘어났고, 이에 맞추어 많은 업체들이 앞다투어 제품을 생산·공급하였다. 그런데 신종플루에 대한 기사가 점점 줄어들고 신종플루 위험에 둔감해진 우리의 소비자들은 더 이상 신종플루 예방 제품을 사지 않게 되었다. 그 바람에 많은 생산자들과 판매상들이 갑자기 많은 재고를 떠안게 되어버렸다. 한동안 무료경품 증정 행사에서 주로 나누어주었던 물건 중에 바로 이 제품이 있었다. 더 이상 재고부담을 이기지 못한 공급자들이 원가의 10%에도 못 미치는 가격에 땡처리를 한 것이다. 그러나 그냥 날리는 것보다는 다만 얼마라도 건지는 게 더 나은 현실이다.

이익을 계산할 때, 재고는 빼야 한다. 창고에 아무리 많은 물건을 쌓아놓고 있어도 팔리지 않으면 돈이 아니다.

외상은 받을 때까지 내 돈이 아니다

IMF사태는 수많은 우리의 아버지들과 아들들을 실업자로 만든 엄청난 사건이었다. 대마불사라는 말이 무색하게 대기업들이 망가지고, 영원할 줄 알았던 금융기관들이 없어지거나 다른 기관으로 인수·합병되어 사라져버렸다. 그리고 구조조정으로 수많은 가장들이 졸지에 실업자가 되었다. 그러나 더 슬픈 사람들이 있었다. 바로 사업하는 사람들이다.

아무리 IMF사태라고 하지만 그렇게 많은 기업들이 쓰러질 이유는 없다. 그런데 쓰러졌다. 바로 연쇄부도다. 하나의 기업이 망가지자 그 기업에 물건을 외상으로 판 기업들이 망가지고, 또 그 회사에 원재료를 외상으로 판 회사가 그 외상값을 받지 못해 망가졌다. 들어올 줄 알았고 수십 년 동안 잘 들어왔기 때문에 별 걱정 없이 외상으로 팔았는데 폭탄을 맞은 것이다.

외상매출금. 받을 때까지는 내 돈이 아니다. 물론 믿을 만하니까 외상으로 판 것이고 아마 대부분은 받을 것이다. 그래도 받을 때까지는 계산에서 빼자.

투자비도 고려하라

이 사업이 남는 사업인지를 판단하는 사업성 평가에는 여러 가지 방법이 있다. 그러나 어떤 방법을 사용하든 현금흐름을 기준으로 해야 한다는 점을 간과하면 안 될 것이다. 1억 원을 들여 1년에 1,000만 원을 번다면 연간수익률 10%로, 은행 정기예금 금리(2013년 4월 기준 3.2%대)를 감안할 때 꽤 높아보인다. 그러나 처음에 투자한 돈 1억 원을 회수하는 방안이 별도로 마련되지 않는다면 원금 회수에만 10년이 걸린다. 결코 사업성이 좋다고 할 수 없다. 따라서 사업성을 판단할 때는 사업기간 내에 발생하는 투자비 등 모든 현금흐름을 감안하여야 한다.

조금 복잡하기는 하지만 사업성 판단과 관련하여 민간투자사업을 예로 들어본다. 민간투자사업은 민간사업자가 민간자금으로 일정 시설 등을 설치하는 대신 정해진 기간 동안 민자시설을 활용하여 투자자금을 회수하는 구조로 사업성 판단이 매우 중요한 사업구조다. 이 경우, 사업성을 검토하기 위해 정해진 사용기간 동안의 현금흐름의 현재 가치를 '0'으로 만드는 할인율을 구한 다음, 그 할인율이 목표 수익률보다 높은지 비교하는 방법을 사용하게 된다.

사업성을 따지는 단계는 우선 연도별 매출액 등 현금유입과 시설투자비, 운영비 등의 현금유출을 파악하여 현금유입에서 현금유출을 뺀 순현금흐름을 계산해낸다. 대부분의 사업에 있어 초기 순현금흐름은 투자비로 인해 (-)로 나타나며 이후 매출액이 발생함에 따라 점차 (+)로 전환된다. 다음으로 (사용기간이 10년이라면) 10년 동안의 순현금흐름을 '0'으로 만드는 할인율을 구하고 목표로 하는 수이률과 비교하여 그 할인율이 크다면 사업성이 있다고 본다. 이러한 작업은 컴퓨터 프로그램을 사용하면 되므로 수고스럽더라도 인터넷 등을 통하여 실제 계산하는 방법을 알아보기 바란다.

10% 덜 팔리면 어떻게 될까?

지금까지 사업을 시작하기 전에 매출액, 매출원가, 투자비 등 여러 가지 요소를 추정해보았다. 추정 결과, 충분히 남는 장사라는 결론이 서면 사업을 시작하게 될 것이다. 그런데 지금까지의 추정은 말 그대로 추정일 뿐, 현실에서는 다른 결과가 나올 수도 있다. 따라서 개개의 요소가 추정과는 다를 경우 수익성에 미치는 영향을 파악해볼 필요가 있다. 예컨대 매출액이 계획보다 10% 정도 낮아질 경우 수익성은 어떻게 될지, 원가가 10% 상승할 경우에는 어떻게 될지 따져보는 것이다. 즉, 다른 변수들은 일정하다는 가정하에 한 가지 요소가 변동됨에 따라 어느 정도 결과가 달라지는지 판단해봄으로써 사업의 안정성을 판단하는 것이다. 만일 매출액이 조금만 낮아져도 밑지는 장사가 되어버린다든지 한 가지 변수에 따라 수익성이 크게 변동된다면 그 사업은 리스크가 큰 것이므로 특히 주의하여 다시 한 번 살펴보아야 할 것이다.

프랜차이즈 가맹점 살펴보기

수익성 분석과 관련하여 알기 쉽게 프랜차이즈 가맹점을 가정해본다. 초기투자비 산정, 추정매출액 산정, 직접비용 산정, 간접비용 산정, 금융비용 산정, 목표이익 추정 등의 순서를 거쳐 내가 하려는 사업이 과연 목표로 하는 수익을 남길 수 있는 사업인지 판단하게 된다.

① 초기투자비 산정

수익성 분석을 위해 제일 먼저 할 일은 초기투자비를 산출하는 것이다. 초기투자비를 산출할 때는 초기투자비 중 사업을 그만둘 때 회수할 수 있는 비용과 회수할 수 없는 비용을 구분하는 것이 필요하다. 회수할 수 없는 비

프랜차이즈 가맹점 초기투자비 내역

(단위 : 만 원)

구분		투자비	잔존가액	상각대상금액	비고
비용성 투자비	가맹비	500	–	500	
	기획관리비	300	–	300	
	교육비	150	–	150	
	POS임대료	400	–	400	구매 형태에 따라 상이
	오픈비용	500	–	500	이벤트 및 집기류
	소계	1,850	–	1,850	
시설비	인테리어비	5,500	–	5,500	평당 220만 원 기준, 외부 및 기타 공사 별도
	장비	5,500	550	4,950	업종에 따라 다르나 투자비의 10%로 가정
	가구	1,900	95	1,805	2면기준 (잔존가액 5%로 가정)
	간판	1,400	–	1,400	2면기준
	기타	1,600	80	1,520	2면기준(에어컨 및 전기증설 외, 잔존가액 5%로 가정)
	소계	15,900	725	15,175	
보증금	계약이행보증금	1,500	1,500	–	점포 매출에 따라 차등
	임대보증금	3,500	3,500	–	지역별 상이
	소계	5,000	5,000	–	
합계		22,750	5,725	17,025	
기타	권리금	–	–	–	업종·점포 성격에 따라 권리금과 회수가능금액 반영

용은 약정된 사업기간 동안 회수하여야 한다는 점을 잊지 말자.

앞에서 본 프랜차이즈 가맹점 초기투자비 내역을 다시 한 번 살펴보자. 투자비 중 가맹비, 교육비 등은 한 번 지급하면 돌려받을 수 없는 비용성 투자비이며, 초기투자비 중 약 70%를 차지하는 인테리어비 등의 시설비도 장비나 가구 등 일부 항목을 제외하고는 문을 닫을 경우 회수할 수 없는 비용이다. 오히려 철거비용이 드는 경우도 있고, 업종에 따라 권리금의 형태로 회수할 수 있는 경우도 있기는 하지만 회수할 수 없는 비용으로 생각하는 것이 안전하다.

점포임대 보증금과 계약이행 보증금은 계약기간 종료 시 회수할 수 있는 투자비이므로 사실상 영업을 통하여 회수하여야 하는 금액은 비용성 투자비와 시설비 중 회수할 수 있는 비용을 제외한 1억 7,025만 원이다.

② 매출액 및 운영비용 추정

매출액 추정 방법은 업종에 따라 다르다. 프랜차이즈 가맹점의 경우에는 인근 지역에서 비슷한 상권을 같은 규모로 영업 중인 가맹점을 참고로 하는 것도 한 방법이다.

여기서는 평균적인 가맹점의 수익성을 분석해보기 위하여 서로 다른 규모를 가진 세 개의 가맹점을 대상으로 고정경비와 변동경비가 매출액에 대비하여 차지하는 비율을 산출해보았다.

표에서의 금액은 수익성 분석을 위한 사례에 불과하므로 실제 수익성 분석을 위해서라면 매출액과 재료비, 인건비, 월 임대료와 관리비 및 기타 경비를 구체적이고 자세하게 파악하여야 하는 것은 물론이다.

표에 예시된 세 개 점포의 월평균 매출액은 4,933만 원이며 매출액에 따라 변동되는 비용인 재료비의 매출액 대비 평균비율은 56.1%다. 이와 같이 재료비는 매출액 대비 재료비가 차지하는 비율을 적용하여 산출하여야 하나, 인건비와 월 임대료 및 관리비, 기타 경비는 매출액이 급격히 변동하여 점포를 확장하거나 인원을 늘리거나 줄이지 않는 한 고정적으로 지출되는 경비라고 보는 것이 맞을 것이다.

매출액 대비 주요 비용 비율

구분	A		B		C		평균	
	금액 (만 원)	매출액 대비	금액 (만 원)	매출액 대비	금액 (만 원)	매출액 대비	금액 (만 원)	매출액 대비
매출액	3,000	100.0%	7,200	100.0%	4,600	100.0%	4,933	100.0%
재료비	1,600	53.3%	4,400	61.1%	2,300	50.0%	2,767	56.1%
인건비	490	16.3%	850	11.8%	700	15.2%	680	13.8%
월 임대료+관리비	230	7.7%	550	7.6%	300	6.5%	360	7.3%
기타 경비(세금포함)	134	4.5%	200	2.8%	40	0.9%	125	2.5%
월 순익	546	18.2%	1,200	16.7%	1,260	27.4%	1,002	20.3%

③ 수익성 분석

일반적으로 사업을 할 때 나가는 비용은 일정하다. 위와 같이 초기투자비와 운영경비가 소요되는 사업에서 얼마를 팔아야 나가는 비용을 충당할 수 있을지 계산하여 수익성 여부를 판단해보자.

우선, 초기투자비 등을 고려하지 않고 순수하게 운영경비를 충당하기 위한 최소매출액을 알아보자. 운영경비 중 재료비는 매출액의 56.1%를 반영하고 인건비는 월 680만 원, 임대료와 관리비는 월 360만 원, 기타 경비는 125만 원으로 가정하여 산출해본 결과는 뒤쪽의 표와 같다.

표에 따르면 순수하게 월 운영경비를 충당하기 위한 최소매출액은 월 2,653만 원이다. 매출액이 2,653만 원이 안 될 경우에는 초기투자비는커녕 매달 추가로 운영경비를 내 주머니에서 꺼내야 하는 슬픔을 맛보게 된다.

다음으로, 순수 운영경비 외에 사업 철수 시 회수할 수 없는 비용을 사업 기간 동안 균등하게 회수하려면 매출액이 얼마나 되어야 하는지를 살펴보자.

초기투자비를 얼마 만에 회수해야 하나. 이는 가맹 계약이나 가맹 조건 및 초기투자시설을 사용할 수 있는 기간 등에 따라 정해지게 되나, 본 사례

경비 충당 손익분기점 분석

구분		금액(만 원)	비고
월수입	매출액	2,653	
	소계	2,653	
변동비	재료비	1,488	매출액 대비 56.1%로 변동
	소계	1,488	
고정비	인건비	680	고정경비
	월 임대료+관리비	360	고정경비
	기타 경비(세금포함)	125	고정경비
	소계	1,165	
월지출	합계	2,653	
월별수지		−	

에서는 36개월 만에 회수해야 하는 것으로 가정한다. 즉, 초기투자비 중 철수 시 회수할 수 없는 1억 7,025만 원을 36개월 동안 균등하게 회수한다고 가정하면, 월 매출액에서 운영경비를 제외하고 월 473만 원을 더 벌어야 하고, 적어도 매달 3,729만 원의 매출액을 올려야 겨우 운영경비를 충당하고 초기투자비를 회수할 수 있다. 물론 돈을 벌어보겠다고 열심히 준비하고 투

초기투자비 회수 시 손익분기점

구분		금액(만 원)	비고
월수입	매출액	3,729	
	소계	3,729	
변동비	재료비	2,091	매출액 대비 56.1%로 변동
	소계	2,091	
고정비	인건비	680	고정경비
	월 임대료+관리비	360	고정경비
	기타 경비(세금포함)	125	고정경비
	소계	1,165	
월지출	합계	3,256	
월별수지		473	
월별 초기투자비 회수대상금액		473	회수기간 : 36개월로 가정
회수 후 손익		−	

자한 사람이 이 정도 벌려고 시작하지는 않겠지만, 그래도 매출액이 이 정도는 되어야 밑지지는 않겠구나 하는 기준으로 활용할 수 있을 것이다.

이제 사업에 필요한 돈을 빌려서 시작한 경우를 살펴보자. 얼마가 되었든 돈을 빌려서 사업을 하는 경우에는 빌린 돈에 대해 이자를 지급해야 하기 때문에 운영경비와 초기투자비 회수금액 이외에 지급이자도 충당할 만큼 매출을 올려야 한다.

지급이자 포함 손익분기점

구분		금액(만 원)	비고
월수입	매출액	3,859	
	소계	3,859	
변동비	재료비	2,164	매출액 대비 56.1%로 변동
	소계	2,164	
고정비	인건비	680	고정경비
	월 임대료+관리비	360	고정경비
	기타 경비(세금포함)	125	고정경비
	소계	1,165	
월지출	합계	3,329	
월별수지		530	
월별 초기투자비 회수대상금액		473	회수기간 : 36개월로 가정
회수 후 손익		57	
월별 지급이자		57	이자율 연 6%로 가정
이지지급 후 손이		−	

총 투자비 중 얼마를 차입할 것인가는 자금규모와 차입가능금액 및 이자율 등 여러 가지 요소를 감안하여 정하게 될 것이지만 여기서는 총 투자비 2억 2,750만 원 중 50%인 1억 1,375만 원을 연 6%에 빌렸다고 가정하고 살펴보기로 한다. 이러한 가정하에 벌어야 되는 최소매출액은 월 3,859만 원으로, 이보다 더 벌지 못하면 남기는커녕 이자도 못 내게 된다.

다시, 총 투자비의 반은 내 돈으로 하고 반은 빌린다는 가정하에서 계산해본다. 내 돈이든 남의 돈이든 사업을 하는 목적은 돈을 벌기 위함이다. 따라서 지금까지 살펴본 것은 말 그대로 여러 가지 경우의 최소매출액일 뿐이다. 사업하면서 경비 지출하고 이자 지급하며 투자비만 회수하겠다는 사람은 없다.

<h3 style="text-align:center">목표 수익 포함 손익분기점</h3>

구분		금액(만 원)	비고
월수입	매출액	4,997	
	소계	4,997	
변동비	재료비	2,803	매출액 대비 56.1%로 변동
	소계	2,803	
고정비	인건비	680	고정경비
	월 임대료+관리비	360	고정경비
	기타 경비(세금포함)	125	고정경비
	소계	1,165	
월지출	합계	3,968	
월별수지		1,030	
월별 초기투자비 회수대상금액		473	회수기간 : 36개월로 가정
회수 후 손익		557	
월별 지급이자		57	이자율 연 6%로 가정
이자지급 후 손익		500	기대수익 월 500만 원으로 가정

표에 따르면 월 4,997만 원을 벌어 운영경비 3,968만 원, 이자 57만 원, 초기투자비 회수대상금액 473만 원을 빼고 나서 월 500만 원을 손에 쥐게 된다. 사업을 하는 사람마다 목표하는 수익은 다르나 총 투자비 2억 2,750만 원 중 자기 돈 1억 1,375만 원을 들여 월 500만 원(연간 6,000만 원)을 번다면 꽤 짭짤하지 않을까? 물론 비용으로 반영한 인건비를 제외하고 본인 또는 가족의 노동력이 투입된다면 그것도 감안하여 수익성을 판단하여야 한다.

매출액별 손익구조

구분		매출액별 손익(만 원)				비고
월수입	매출액	3,000	4,000	5,000	6,000	
	소계	3,000	4,000	5,000	6,000	
변동비	재료비	1,682	2,243	2,804	3,365	매출액 대비 56.1%로 변동
	소계	1,682	2,243	2,804	3,365	
고정비	인건비	680	680	680	680	고정경비
	월 임대료+관리비	360	360	360	360	고정경비
	기타 경비(세금포함)	125	125	125	125	고정경비
	소계	1,165	1,165	1,165	1,165	
월지출	합계	2,847	3,408	3,969	4,530	
월별수지		153	592	1,031	1,470	
월별 초기투자비 회수대상금액		473	473	473	473	회수기간 : 36개월로 가정
회수 후 손익		−320	119	558	997	
월별 지급이자		57	57	57	57	투자비 50% 차입 대출금리 연 6%
이자지급 후 손익		−377	62	501	940	

마지막으로 매출액별 손익구조를 살펴보면 위와 같다. 매출액별 손익구조를 살펴보는 것은 매출액이 변동됨에 따라 손익구조가 어떻게 변하는지를 예측함으로써 그에 대해 적절히 대응하기 위해서다.

장사, 남아야 한다

1. 앞으로 남고 뒤로 밑질라

· 사업가는 직장인과 다르다. 열심히 일하고도 오히려 돈을 더 낼 수 있다.

· 장사를 하기 전, 원가가 얼마고 마진은 얼마가 될지, 전반적인 손익구조에 대한 밑그림을

  잘 그려야 한다.

2. 얼마나 팔 수 있을까

· 매출액을 추정하는 것은 사업성 검토의 시작이자 끝이다.

· 판매량은 자기가 생산할 있는 물건의 수량과 그 물건의 시장규모를 넘을 수 없다.

· 확고한 시장지배권을 가진 경쟁업체가 있는 시장에는 진입하기 힘들다.

· 판매단가는 소비자가 느끼는 가치보다는 낮고 원가보다는 높아야 된다.

· 판매단가 책정에 있어 가장 중요한 것은 소비자가 느끼는 가치 파악이다.

· 기존에 유사한 효용을 제공하는 물건이 있다면 그 물건에 대해 소비자가 기꺼이 지불하

  고 있는 가격을 파악해보라.

· 소비자의 특성에 맞게 단가를 책정하라.

· 소비자의 가치를 정확히 파악하는 것이 어려울 경우에는 본격적으로 생산하기 전에 시장

  반응을 테스트해보라.

· 내 물건의 가격이 무조건 물가상승률 정도로는 인상될 것이라고 안이하게 생각하지 마라.

  물건에 따라서는 기술발전이나 경쟁 심화 등에 따라 오히려 가격이 내려가는 경우도 있다.

3. 원가가 기가 막혀

· 원가 추정은 우선 비용이 발생할 항목들을 파악한 다음 항목별로 비용이 얼마나 들지를

  꼼꼼히 챙겨보는 것으로 시작한다.

· 해야 할 일들을 파악하였으면 그 일들을 언제 어떻게 할 것인지 정하라.

· 초기 소요자금을 파악하라. 아무리 좋은 사업이라도 필요한 돈을 마련할 수 없다면 실제

  사업을 할 수 없다.

· 아무리 좋은 물건이라도 결국 사람이 팔아야 하고 아무리 잘 팔려도 사람이 잘 관리하여

야 한다. 어떻게 하면 좋은 사람을 잘 뽑아 쓸 수 있을지 고민하라.

· 내 사업의 성격에 맞는 사람을 채용하라.

· 사업운영에 필요한 업무를 최대한 세분화하고 그 업무를 효율적으로 수행하는 데 필요한 인원을 정하라.

· 인건비가 아까워 사람을 덜 뽑거나 함량미달인 사람을 채용하는 우를 범하지 마라.

· 쓸데없이 불필요한 인력을 채용하지 마라. 회사를 말아먹을 수도 있다.

· 생산인력과 판매인력을 우선 배치한 후에 생산과 판매를 지원하기 위하여 필요한 일반관리인원을 배치하라.

· 비슷한 규모의 동종업계 보수 수준 및 회사의 지급능력을 종합적으로 고려하여 적정 수준의 보수를 책정하라.

· 원가는 업종마다 다르다. 자기 업종에 맞게 원가를 파악하라.

· 매출에 직접 들어가는 돈과 본사와 관련하여 들어가는 돈을 구분하라.

· 원가 계산을 겁내지 마라. 내가 하는 업종이나 사업규모에 맞게 실제 발생하는 항목만 포함하여 계산하면 된다.

· 실제 사업을 해보면 나가는 돈은 줄일 수 없는 경우가 대부분이다. 돈이 부족하면 망하기 마련이니 원가 계산을 대충해서는 안 될 일이다.

4. 내 품안의 돈

· 너무 많은 수익이 나는 것으로 소사되있다면 디시 한 번 살펴보라. 세상이 나에게만 큰 이익을 안겨줄 정도로 녹록하지는 않다.

· 이익을 계산할 때 재고는 뺀다. 창고에 아무리 많은 물건이 쌓여 있어도 팔리지 않으면 돈이 아니다.

· 외상매출금은 받을 때까지 내 돈이 아니다. 받을 때까지는 계산에서 빼라.

· 사업을 하기 위하여 들어간 투자비도 고려하여 남는 장사인지를 따져라.

· 매출액이 조금만 낮아져도 밑지는 장사가 되는 것처럼 한 가지 변수에 따라 수익성이 크게 변동된다면 그 사업은 리스크가 큰 것이다.

우리가 선(先)이다

지금까지 여러 이야기를 해보았지만 꼭 하나 가슴속에 품고 살아야 할 것이 있다. 바로 우리가 선(先)이라는 것이다. 20대 중반에 직장생활을 시작하여 지금껏 누구보다도 열심히 일해왔고, 앞으로도 우리 집을 책임질 사람은 바로 우리다. 세상이 변해서 옛날보다 더 오래 직장생활을 하지 못하는 현실이 안타깝지만, 그래도 지금까지 애들을 키우면서 먹고 살 돈을 벌어온 사람은 바로 우리다.

앞으로도 계속 더 벌어오기를 바라는 가족들의 생각을 이해 못하는 것도 아니고, 실제로도 계속 벌어오기 위해 애를 쓰겠지만, 지금까지 한 것만으로도 우리는 선이다. 그럼에도 불구하고 이제 막 은퇴하였거나 은퇴를 앞두고 있는 우리를 보는 가족과 주변의 시선은 두려울 수밖에 없다. 낯선 생활을 시작하는 것만으로도 스트레스가 이만저만이 아닌데 주변의 눈치까지 보아야 하다니.

눈치 보지 말자. 그들도 갑작스러운 나의 은퇴에 스트레스를 받겠지만 그것은 내 탓이 아니다. 누구는 나오고 싶어서 나왔나. 아니, 특별히 내가 뭘 잘못해서 나왔다면 욕을 먹어도 싸다. 그런데 아니지 않은가. 세상이 변해서 그런 걸 난들 어쩔 것인가. 내 기가 죽을수록 나뿐 아니라 사랑하는 가족이 힘들어진다. 할 만큼 했고, 이제부터 다른 일을 하더라도 잘할 수 있다는 자신감으로, 가장으로서 힘차게 살아가자.

세상 뭐 있나. 지금까지도 많은 어려움이 있었지만 다 이겨내고 여기까지 왔다. 앞으로 펼쳐질 새로운 삶을 즐기자. 지금까지의 모든 것을 내려놓고 새로 시작한다는 마음으로 부딪혀보자. 처음 신입사원으로 직장 생활을 시작했을 때보다는 낫지 않은가. 애들도 클 만큼 컸고, 주머니에 들어 있는 돈도 처음보다는 많다. 새로운 세상에 맞게 옷을 갈아입고 생활을 바꾸자. 돈은 버는 만큼 쓰게 되고, 좀 부족하면 거기에 맞춰 살면 된다. 비싼 음식을 먹으나 저렴한 음식을 먹으나 배부르기는 마찬가지고 비싼 옷을 입으나 저렴한 옷을 입으나 안 춥긴 매한가지다.

우리가 누구인가. 젊음을 바쳐 지금까지 훌륭하게 살아온 진정한 선이 바로 우리다.

보이는 것이 다는 아니다

1. 아무도 안 하면 일단 의심하라

얼마 전, 청량리역 근처에서 결혼식이 있어 시간에 맞춰 집을 나섰다. 그날따라 차가 어찌나 막히는지, 청량리역 앞에서부터 차가 거의 움직이지를 않고 있었다. 그런데 웬일로 옆 차선은 텅 비어 있었다. 하늘이 보살펴주는구나 싶어 재빨리 차선을 옮겨 앞으로 쭉 나아갔다. 그런데 사거리 끝에 이르니 직진을 하지 못하도록 경찰이 막고 서 있는 게 아닌가. 좌회전 전용 차선인지 정말 몰랐다고 사정 이야기를 해도 경찰은 안 된다고만 하고, 결국 할 수 없이 좌회전을 해서 되돌아간 적이 있다. 물론 그냥 직진 차선에서 기다린 차보다 시간이 훨씬 더 걸렸다.

한때 낚시에 빠져 서울 근교 낚시터를 주말마다 누비고 다닐 때도 비슷한 경험을 했다. 그 넓은 낚시터에 유독 사람들이 몰려 낚싯대를 드리운 곳이 있는가 하면, 어떤 자리는 낚시하기도 편하고 좌대도 잘 갖춰져 있고 수심도 적당해서 고기가 잘 잡힐 것 같은데 사람이 없었다. 이상하게 생각하면서도 나는 편한 자리에 낚싯대를 드리웠다. 그런데 그런 날에는 거의 90% 이상 고기를 한 마리도 잡지 못한다. 잡기는커녕 입질 한 번 못 받고 몇 시간을 보낸 적도 있다. 낚시 경험이 풍부한 사람들은 포인트를 안다. 그렇기 때문에 잡힐 만한 곳에 몰려 있는 것이다. 아무도 없는 자리에서는 공칠 가능성이 많다는 것을 한참 지나서야 알게 되었다.

사업도 마찬가지다. 하기만 하면 잘될 것 같은데 아무도 안 하고 있다면 일단 의심해보아야 한다. 다른 사람이 안 한다는 것은 좋은 사업기회일 수 있으나, 달리 생각하면 나도 안 하는 것이 좋다는 반증일 수 있다.

2. 보기에는 멀쩡한데

우리 아파트 정문 앞에 음식점이 하나 있다. 위치로 보면 장사가 잘될 것 같은 자리다. 그런데 입주 후 몇 년 동안 장사가 잘 되지 않아 자주 주인이 바뀌었다. 아마 새로 들어오는 음식점 주인들도 그 자리에서 장사가 잘 안 되는 이유를 몰랐기 때문에 자리가 나면 바로 들어오고 했을 것이다.

그러나 안 되는 데는 다 이유가 있다. 입주 초기에 아파트와 관련되어 사기를 당한 피해자들이 꽤 많았는데, 그 피해자들이 연일 아파트 입구에서 시위를 벌였다. 입주자들은 정상적인 생활에 많은 지장을 받을 수밖에 없었다. 그런데 그 피해자들이 거의 상주하며 식사를 하는 곳이 바로 그 음식점이었다. 잘잘못을 떠나 입주자 입장에서는 상대편이 아지트로 삼고 있던 식당을 이용하고 싶을 리가 없다. 아무리 맛이 있다 하더라도 그러한 기억이 있기 때문에 입주자들은 메뉴와 상관없이 그 식당에 가지 않는다. 10년이 넘은 지금은 최초 입주자들 중 많은 사람들이 이사를 가기도 했고, 그런 사실을 모르는 사람들이 많아져서 장사가 그런대로 잘 된다.

안 될 이유가 없어 보이는데도 잘 되지 않는 사업이라면, 한 번 뒤져볼 필요가 있다. 반드시 그 이유가 있다. 단지 표면에 나타나지 않아 모를 뿐이다. 뭔가 눈에 띄는 이유 없이 잘 안 되는 사업은 좀 더 꼼꼼히 그 이유를 확인하여야 한다. 물건도 좋고 시장도 괜찮고 눈에 띄는 제약조건도 없는데 이상하게 하는 사람이 없거나 하는 사람이 있어도 잘 안 되는 경우가 있다. 왜일까? 이는 매우 근본적이고 중요한 문제다. 특히 다른 사람이 하던 사업을 인수하고자 할 때는 그 사람이 왜 팔려고 하는지에 대해 납득할 수 있어야 할 것이다.

3. 나에게 온 사업제안, 내게만 온 것일까

사업을 하려면 돈이 필요하다. 그러다보니 돈이 좀 있고 새로운 사업을 찾는다는 소문이 난 회사에는 수많은 사람들이 사업계획서와 인수제안서를 들고 찾아온다. 자기가 추진하고 있는 사업이 있는데 정말 사업성이 좋으니 투자를 좀 해달라는 경우도 있고, 자기가 아는 사람이 피치못할 사정으로 사업을 팔려고 하니 사보라고 권하는 경우도 있다. 오랫동안 사업성 검토와 M&A 관련 컨설팅을 해오다보니 아는 회사로부터 이런 사업계획서와 인수제안서를 검토해달라는 의뢰를 많이 받는다. 그런데 참 희한한 경우가 있다. 똑같은 사업계획서가 각각 다른 회사를 통하여 나에게 전달되는 경우가 종종 있는 것이다. 아니, 똑같은 사업계획서가 아니더라도 잘 모르는 분야라서 그 분야를 잘 아는 지인에게 물어보면 많은 경우 이미 여러 기관이나 회사에 제안하였으나 거절당한 경우가 많다.

그렇다. 지금 여러분의 손에 있는 사업제안서도 이미 여러 군데에 제안되었다가 거절당한 것일 가능성이 높다. 특히 좋은 사업이어서 계속하면 돈을 많이 벌 수 있는데 피치 못할 사정으로 팔 수밖에 없다면서 나보고 사라고 한다면, 그렇게 좋은 사업이면 본인이 계속할 일이지 왜 나에게 사라고 하는지를 생각해보자. 안타깝게도 세상이 모두 착하게만 돌아가는 것은 아니다.

4. 머리보다는 발품을 많이 팔자

오랫동안 직장생활을 한 사람들은 보통 능력이 뛰어나다. 능력이 없었다면 애당초 취직하지 못하였거나 남들보다 빨리 회사를 그만두었을 것이다.(물론 너무 능력이 뛰어나 남들보다 빨리 승진한 탓에 더 올라가지 못하고 일찍 그만두는 경우도 있긴 하다.) 현시대에서 능력이 뛰어나다는 것은 어떤 분야든 대부분 머리가 좋은 경우가 많고 그러기에 새로운 사업도 머리로 찾으려는 경향이 있다.

그러나 직장생활과 새로운 사업은 다르다. 직장생활은 그동안의 축적된 경험을 활용하여 새로운 아이디어를 내고 성실하고 착하게 일하면 약간의 실수는 있을지 몰라도 결정적으로 실패할 확률은 상대적으로 작다. 하지만 사업은 그렇지 않다. 모든 것이 새롭다. 아무리 책을 읽고 인터넷을 뒤져봐도 좋은 사업이라는 광고성 글만 넘칠 뿐 확실하게 돈을 벌 수 있는 사업이라는 것은 없다. 아니, 그런 게 있다고 하면 그건 거의 100% 사기다. 발품을 팔아야 한다. 집안에서 책을 읽고 인터넷으로 조사하는 것도 중요하지만 결국에는 현장을 내 발로 찾아다녀야 한다. 남의 말만 듣지 말고 하고 싶은 사업이 있으면 직접 찾아가 내 눈으로 확인하고 또 확인하자.

5. 마감시간이 짧은 사업제안은 피하자

여러분이 앞으로 할 새로운 사업을 찾기 시작한다면 마치 기다렸다는 듯이 꽤 많은 사업제안을 접하게 될 것이다. 처음에는 접하는 것마다 좋아 보일 것이다. 아름다워 보이기 위하여 화장을 하듯 좋은 사업으로 보이기 위하여 모두 좋게 포장된 채로 우리 앞에 나타나기 때문이다. 그러니 반드시 조심해야 할 것이 있다.

바로 시간을 정해놓고 의사결정을 재촉하는 것이다. 여러분들도 마트나 시장에서 딱 10분만 무지 싸게 판다는 점원들의 목소리를 많이 들어보았을 것이다. 그럴 때 기분이 어떤가? 그 시간 안에 그 물건을 안 사면 손해 보는 것 같은 느낌이 들 것이다. 그 정도야 얼마 안 하니 까짓것 손해 보는 셈 치고 사도 그만이다. 그런데 사업은 어떤가? 사업은 마트에서 파는 물건과 다르다. 그야말로 앞으로 남은 나의 삶의 질을 결정짓게 되는 중요한 의사결정인 것이다. 그러니 망설일 수밖에 없고 몇 번을 다시 생각하게 되는 것이 인지상정이다. 그럼에도 불구하고 사업을 제안한 쪽에서는 의사결정을 재촉하는 경우가 많다. 너무 좋은 사업이라 언제까지 결정하지 않으면 다른 사람에게 기회가 넘어간다고 짧은 기간 내에 결정하란다.

충분히 검토한 후에 해도 되겠다는 결심이 서기 전에는 절대 하지 말자. 설령 내 결정이 늦어서 그 기회가 남에게 넘어가고 그 사람이 돈을 많이 벌어도 배 아파하지 말고 나하고는 인연이 없는 사업이라고 편안하게 생각하자. 재촉하는 사업 치고 좋은 사업은 그리 많지 않다.

혼자서도 잘하자

어느 날 아침 텔레비전에서 나이 든 남자에게 필요한 다섯 가지와 여자에게 필요한 다섯 가지에 대해 이야기하는 것을 들었다. 여자에게 필요한 것은 돈, 딸, 친구, 건강, 찜질방으로, 그럴 만하다 싶었다. 그런데 남자에게 필요한 것은 부인, 아내, 집사람, 와이프, 애들엄마란다. 아무리 우스갯소리로 하는 말이라지만 남자를 우습게 아는 것 아닌가 싶었다. 그런데 왜 이런 말이 나오게 되었을까?

남자들의 자생력이 부족하기 때문이다. 우리야 좀 덜하지만 우리 아버지 세대는 좀 더 심했다. 남자는 바깥일을 하는 사람이지 집에서 음식을 하거나 청소를 하거나 심지어 아이들 보는 일까지 해서는 안 되는 일로 여기고 집안일을 오히려 수치스럽게 생각하는 경향이 짙었다. 그러다보니 밥도 할 줄 모르고 세탁기도 돌릴 줄 모른다. 생존에 꼭 필요한 부분인 먹는 것과 입는 것을 아내에게 의존할 수밖에 없으니 나이 들어 얻어먹고 살려면 아내 말을 들어야 하는 것이다.

시대가 바뀌었으니 생각도 바꾸자. 밥하는 거, 어렵지 않다. 요즈음은 밥솥이 좋아서 삑 소리를 내며 밥이 되었다고 알려준다. 반찬은 어떤가? 사실 우리는 수십 년간 온갖 음식점에서 매우 다양한 먹거리를 먹어본 사람들이다. 맛있게 먹었던 음식이 생각나면 인터넷에 들어가 레시피를 찾아보자. 물론 처음부터 원하는 맛을 기대하진 말아야 할 것이다. 그러나 레시피대로 따라만 해도 그런대로 먹을 만은 할 것이다. 이것저것 잘 안 되면 동네 반찬 가게나 마트를 이용하는 방법도 있다. 그리고 빨래? 그건 더 쉽다. 물론 같이 빨 수 있는 것과 따로 빨아야 하는 것 등 알아야 할 사항도 있다. 모르면 아내에게 물어보고, 안 가르쳐주면 인터넷에서 찾아보면 된다.

이제부터 아내 없이는 아무것도 못할 것이라는 환상을 깨어주자. 자생력을 갖추자는 이야기다. 그렇지만 아무래도 수십 년간 살림을 맡아온 아내보다는 못할 것이다. 그긴 인정할 수밖에 없디. 똑같은 김치찌개를 만들어도 레시피에 따라 만든 것과 수십 년 손맛이 깃든 것에는 차이가 있을 수밖에 없다. 가급적 협력하되, 먹고 입는 걸 무기로 삼는다면 과감하게 물리치자.

창업의 시대,
성공을 위하여

나는 386세대였다. 먹고살기조차 힘들었던 60년대에 태어났지만 자식만큼은 편안하게 해주겠다며 어떤 고생도 마다하지 않는 부모님들 덕분에 80년대에 대학에 입학한 30대였다. 그런데 얼마 지나지 않아 486세대가 되었고, 이제 586세대가 되어버렸다. 평균수명이 80인 요즘 시대에 나이 50으로는 어른 축에도 끼지 못한다. 그런데 현실에서는 그렇지가 않다. 1990년대 말 IMF를 겪으면서 구조조정이 상시화되자 우리보다 먼저 세대에서 누린 정년퇴직이 현실적으로는 사라져버린 것이다.

50대 아니 40대 후반부터 본의 아니게 수십 년 다니던 직장을 그만두는 사람들이 주위에 즐비하다. 직장을 다니는 동안에는 좋았다. 사회에서 인정받는 기업이나 금융기관의 중견간부, 임원으로서 주어진 역할과 임무를 최선을 다하여 수행했고, 그에 대한 대가도 충분히 받아왔다. 이러한 우리들의 노력으로 집에 있는 아내와 아이들도 상대적으로 차이는 있겠지만 나름대로 편안한 생활을 할 수 있었다. 한마디로 직장생활은 지금까지 내 인생의 전부다. 그런데 어느 날 갑자기 회사로부터 나가라는 요구를 받았다. 크게 잘못한 것도 없는데 말이다. 지금 내 나이 정도의 선배들이 나가는 것을 보고 언젠가는 나도 나가게 되리라 생각은 했지만 막상 나가라고 하니 막막하기 그지없다.

이런 나를 보고 집에서는 뭐라고 할까? 청춘을 불살라 지금까지 일해왔으니 그동안 수고했다는 위로를 받고 싶은데, 그렇지가 않다. 아내나 애들이나 모두 지금까지의 생활에 익숙해져 있고, 앞으로도 계속 그러리라 생각하고 있는 것이다. 쉬고 싶은데, 쉴 수가 없다.

주위의 많은 아버지들이 직장에서 갑자기 나오게 되어 무엇을 할지 고민하고 있다. 그냥 놀기에는 여러 사람들 눈치가 보이고, 그렇다고 뭔가 해보려니 실패할까 두렵다. 나이라도 젊으면 실패는 병가지상사라며 위안으로 삼아볼 텐데, 그러기에는 너무 늦었다는 생각이 든다. 좋은 직장에 다니면서 노후자금을 어느 정도 벌어놓았다고 생각하는 아버지들도 마찬가지다. '아직 살아야 할 날이 많은데 돈 좀 있다고 마냥 노는 게 맞을까? 뭐라도 해야 하지 않을까?' 하고 생각하는 것이다. 지금까지의 경험은 직장에 다닐 때는 매우 유용했을지 모르나 새로운 사업을 하는 데는 그것만으로 부족하다. 직장에서는 자기 담당 분야에만 집중하면 되었지만 사업을 시작하게 되면 처음부터 끝까지 내가 다 챙겨야 한다. 누가 뭐라고 하여도 주인과 직장인은 다르다. 직장인은 설사 뭔가 잘못하더라도 법적인 문제만 없으면 그만두고 말면 되지만 주인은 그렇지 않다. 조금이라도 잘못하면 이제까지 사랑하는 가족과 함께 꾸려온 삶의 기반이 무너질 수도 있다.

나는 우리나라가 IMF파동을 겪고 있던 1999년에 은행에서 나와 컨설팅 사업을 시작하였다. 자기 사업을 평생 처음으로 시작한 것인데, 은행에서 대출을 담당하면서 중소기업부터 롯데, 현대, 쌍용 등 굴지의 그룹사까지 두루 심사해본 경험과 대학에서 배운 법률지식을 바탕으로 컨설팅 사업을 시작하게 되었다. 마침 당시에는 벤처 붐이 일어 벤처기업을 창업하려는 이가 많았고, 그에 따라 회사의 설립부터 사업계획 수립 및 자금유치 등에 대한 컨설팅 수요가 많아 몇 년 동안 수백 개 기업들에 대한 컨설팅을 수행하였다. 컨설팅 고객 중의 대부분은 IT나 바이오 관련 기업이었으나, 프랜차이즈, 레미콘 등 거의 전 산업 분야와 관련된 기업과 삼성, LG, KT 등 대기업들도 있어 나에게는 다양한 기업들의 특성과 사업구조를 알 수 있는 좋은 기회가 되었다. 이러한 경험에 더하여 대학과 기타 기관에서 창업 및 벤처 관련 강의를 수년간 하다보니 나름대로 사업 성공을 위해 반드시 갖추어야 할 여러 가지 요소들이 차곡차곡 정리되어갔고, 이를 기반으로 여러 회사들의 신사업 추진 시 사업성 검토를 하다보니 될 사업과 안 될 사업을 보는 눈이 나름대로 형성되었다.

어떻게 하면 잘할 수 있을까? 나는 이에 대한 몇 가지 체크포인트를 제공하기 위하여 이 책을 쓰기 시작하였다. 오랫동안 직장에서 많은 경험을 해오신 우리의 자랑스러운 아버지들께 사업을 하기 전 한 번이라도 이 책을 읽어보기를 권하고 싶다. 읽어보면 누구나 알기 쉽고 별거 아닌 것 같다는 생각이 들 수도 있다. 그러나 여러분들이 아무리 높은 지위를 경험하였다 하더라도 직장인과 주인은 다르고, 내 사업과 막강한 조직 및 자금이 뒷받침된 기존의 직장은 다르다. 이제부터는 하나부터 열까지 내가 다 해야 한다. 직장인의 사고방식을 버리고 새로운 사고로 무장해야 살아남을 수 있는 새로운 세상이 펼쳐지는 것이다.

아무쪼록 이 책이 새롭게 사업을 시작하려는 모든 분들에게 도움이 되기를 바라며, 나아가 자기 사업이 아니더라도 새로운 사업을 검토하는 분들에게도 도움이 되기를 바란다.

창업의 시대

지은이 | 윤성구

초판 1쇄 인쇄일 2013년 5월 3일
초판 1쇄 발행일 2013년 5월 10일

발행인 | 한상준
기획 | 임병희
편집 | 박민지·김민정
디자인 | 김경년
마케팅 | 박신용
종이 | 화인페이퍼
인쇄·제본 | 영신사

발행처 | 비아북(ViaBook Publisher)
출판등록 | 제313-2007-218호(2007년 11월 2일)
주소 | 서울시 마포구 연남동 567-40 2층
전화 | 02-334-6123 팩스 | 02-334-6126 전자우편 | crm@viabook.kr
홈페이지 | viabook.kr

ⓒ 윤성구, 2013
ISBN 978-89-93642-49-0 03320

- 이 책은 저작권법에 따라 보호받는 저작물이므로 무단 전재와 복제를 금합니다.
- 이 책의 전부 혹은 일부를 이용하려면 저작권자와 비아북의 동의를 받아야 합니다.
- 이 도서의 국립중앙도서관 출판시도서목록(CIP)은 e-CIP홈페이지(http://www.nl.go.kr/ecip)와
  국가자료공동목록시스템(http://www.nl.go.kr/kolisnet)에서 이용하실 수 있습니다.
  (CIP 제어번호 : CIP2013004786)
- 잘못된 책은 바꿔드립니다.